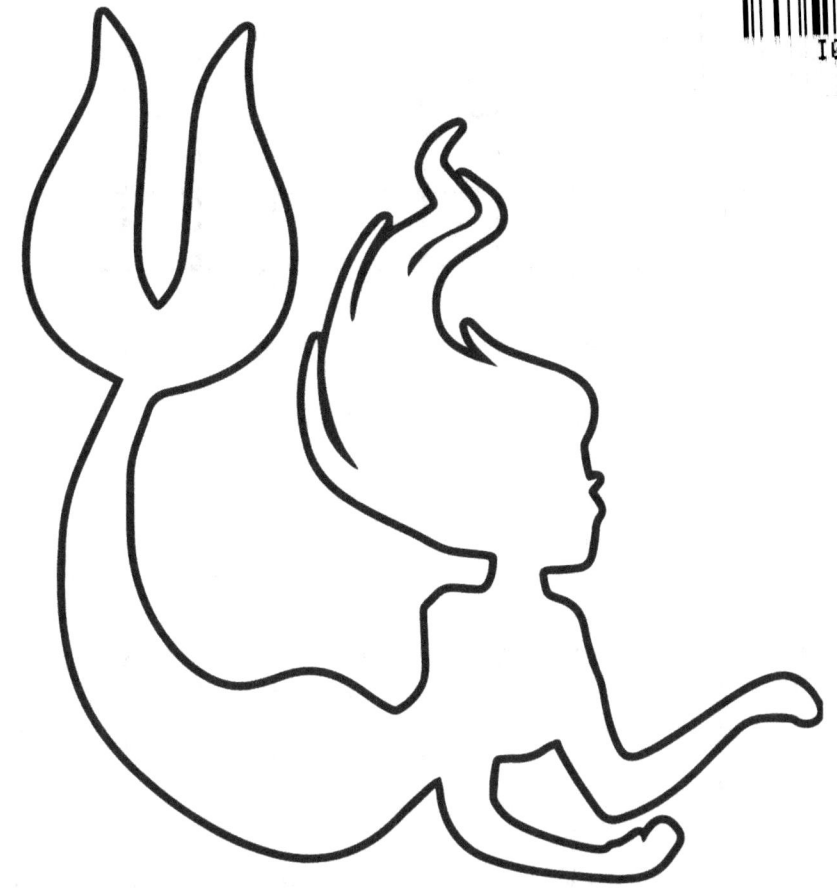

Humans are the only creatures with the ability to dive deep in the sea, fly high in the sky, send instant message across the globe, reflect on the past, assess the present and imagine the future.
—Sylvia Earle

#1

			6	2			12				4				10
1						5				2					
			2	10			3				5		8		
				8			7							5	
			12			6				3		5	2	8	
		13				9	16								
	2			3			10					11			
14	3				7										
13			16	7								2		14	
											14	1		7	
4				13					15	5	1				
11									3	2	4			15	
				12									13		
									9	6			7		1
12					3				16	1					15
		3	13	14				5						10	9

Find: Boat on a Wave

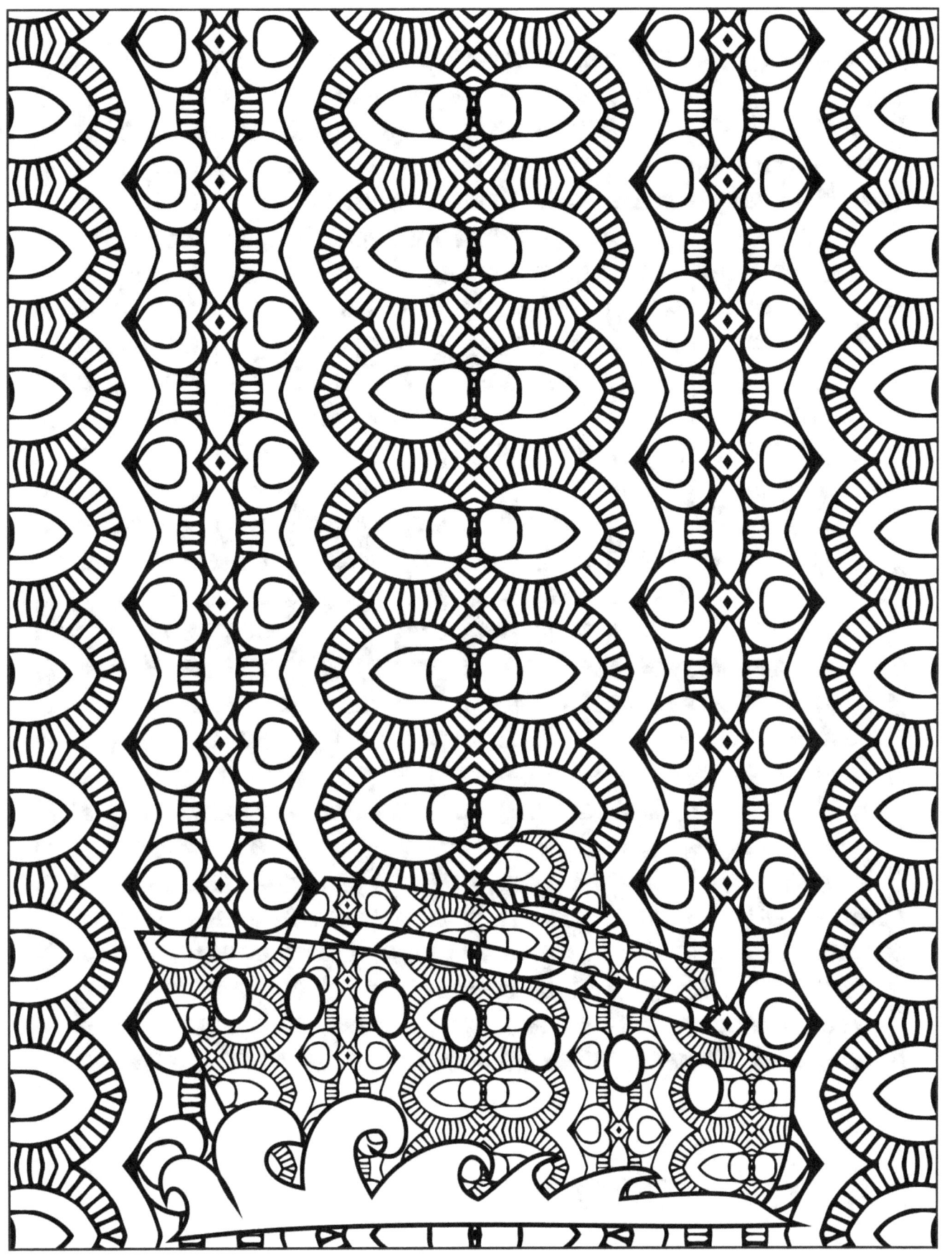

Find: Anchor

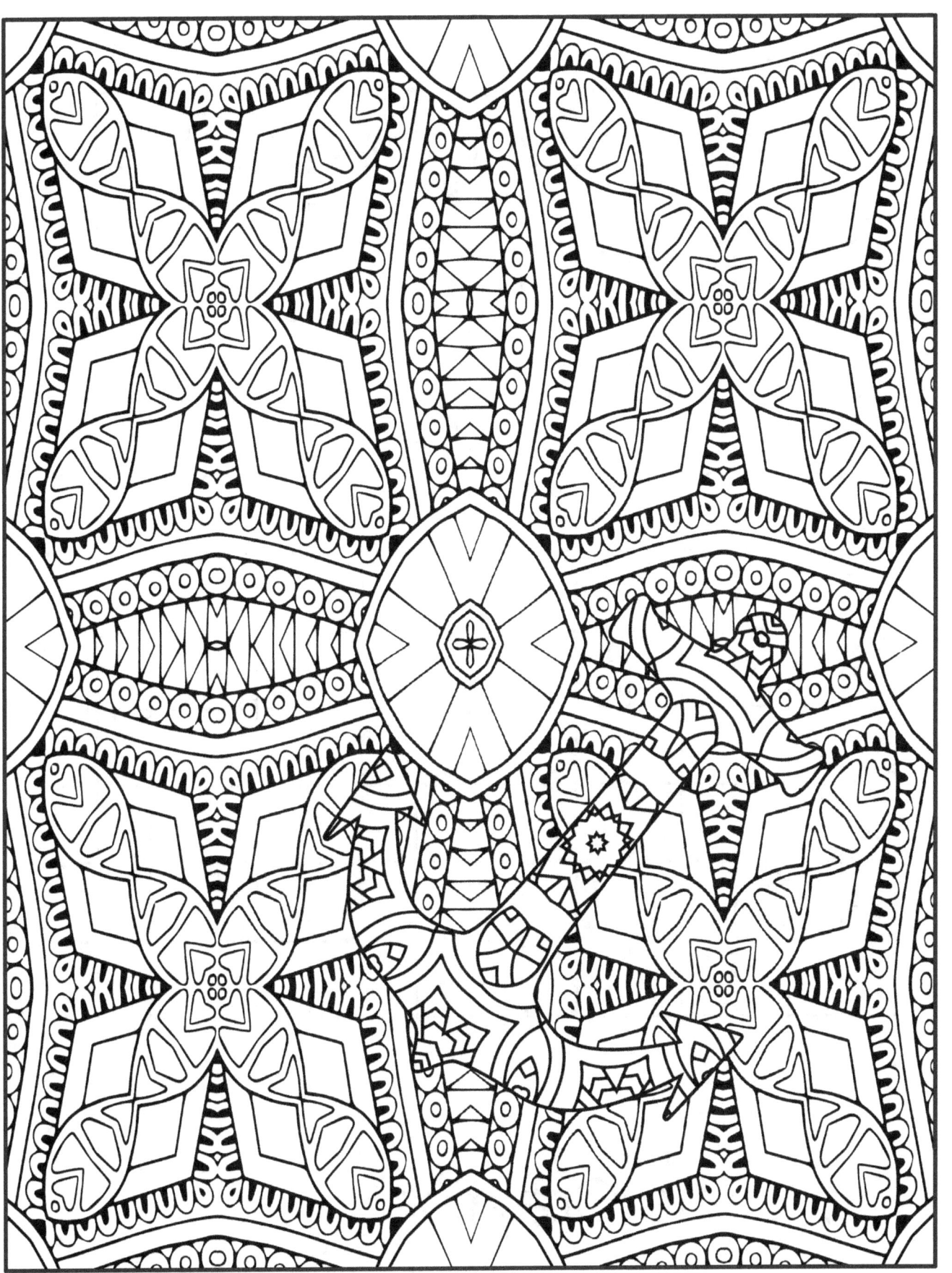

#1

Find: The Crayfish

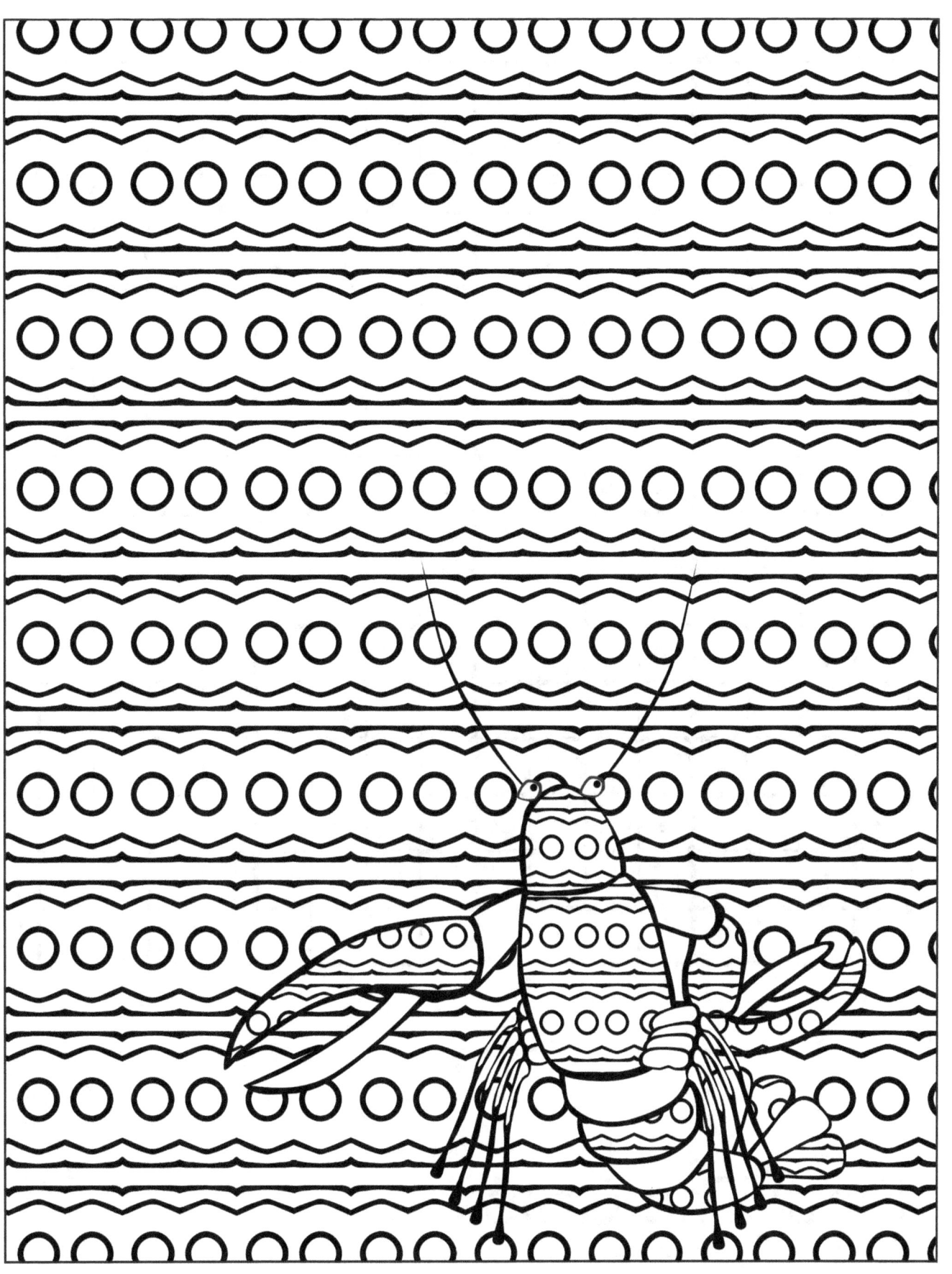

#2

				14				1	13	9				15
13						5		11						
8	9						5	4		2	14			
							15			10				13
					5	9		6				12	
				1						3			16
1				13									7
			11	14		2	5			9	13		
			8		12		7						
7		3		16				8			11		
	8	1	10				16	9		2		4	
		12				14			10	11	7		
	10	6				4		11					
3		5	2			13		15					
	1												
		2										1	

Find: The Crab

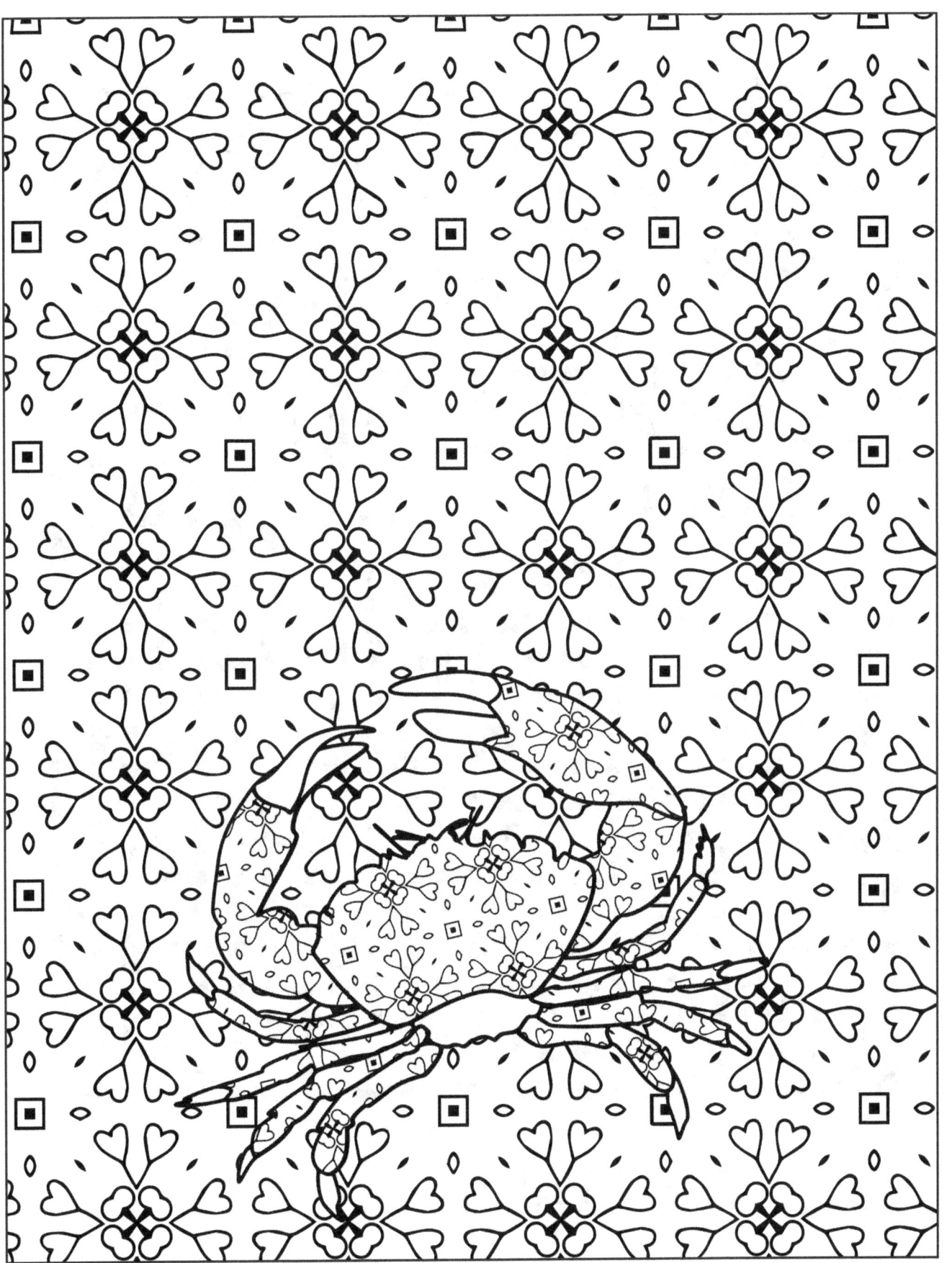

Find: The Walrus

#2

Find: The Fish

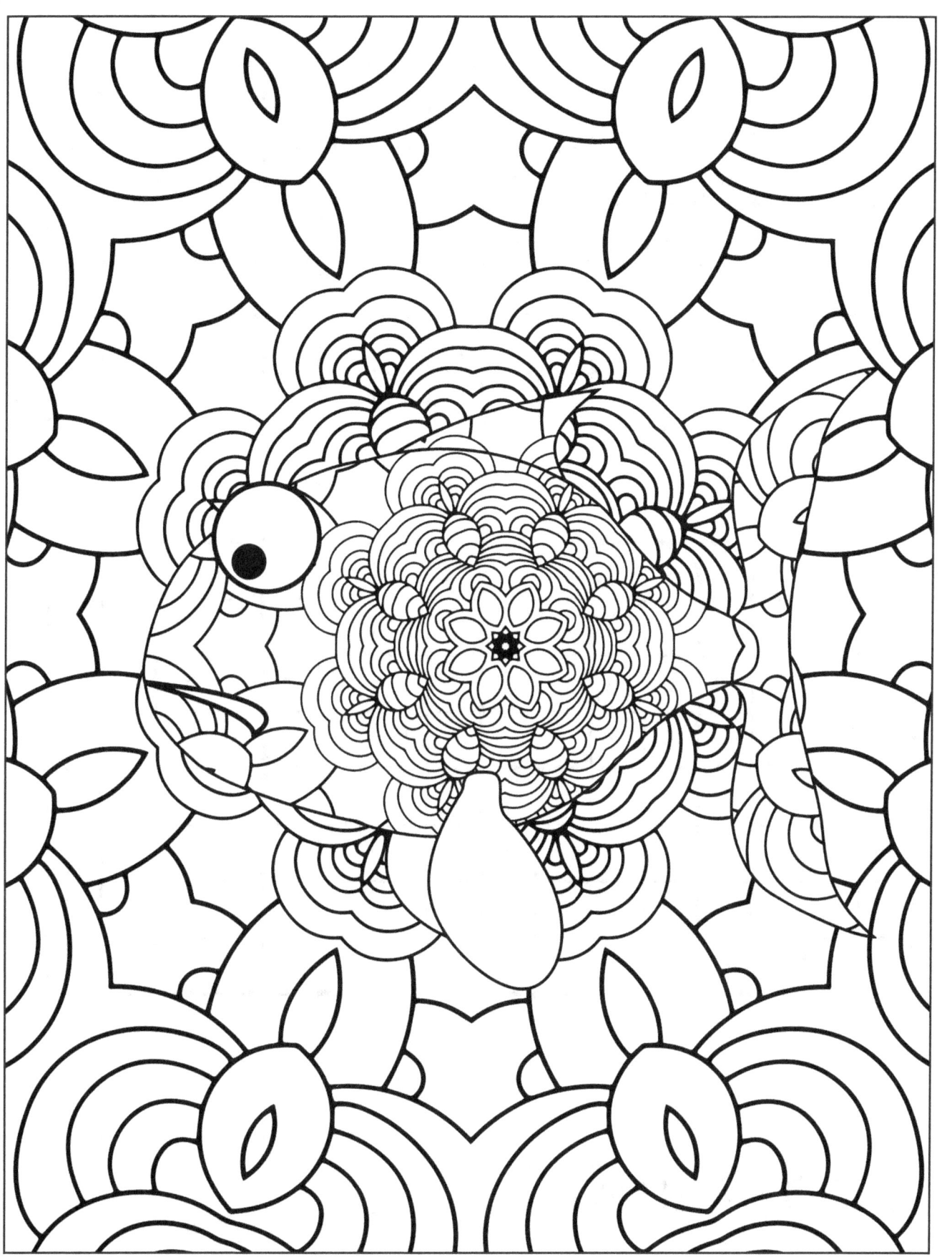

#3

15		4			7	1								5	
1		10	8				9	2							
				14			10	16				11	6		
5	11			12	6		3		9		15	4	2		
			14			9	8	15					7	13	
	1								11				12		
				10		3						15			
8		15			3			11							
										8	7	2		14	
					10		5				13		15		
						12			15			8		11	
		8								15					16
12		6					13								15
						10							5		
		16	4			11		5			1				

Find: The Fish

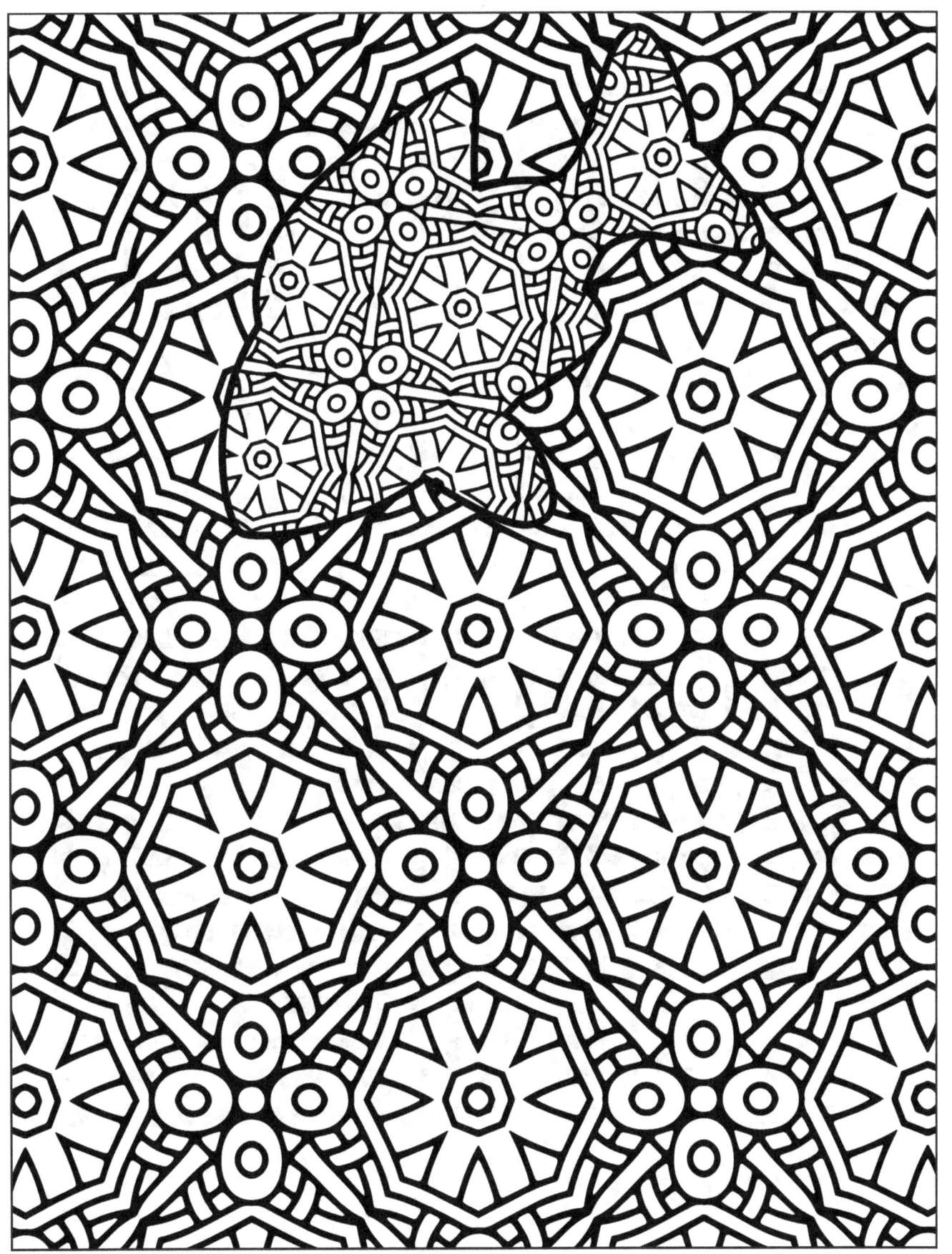

Find: The Fish

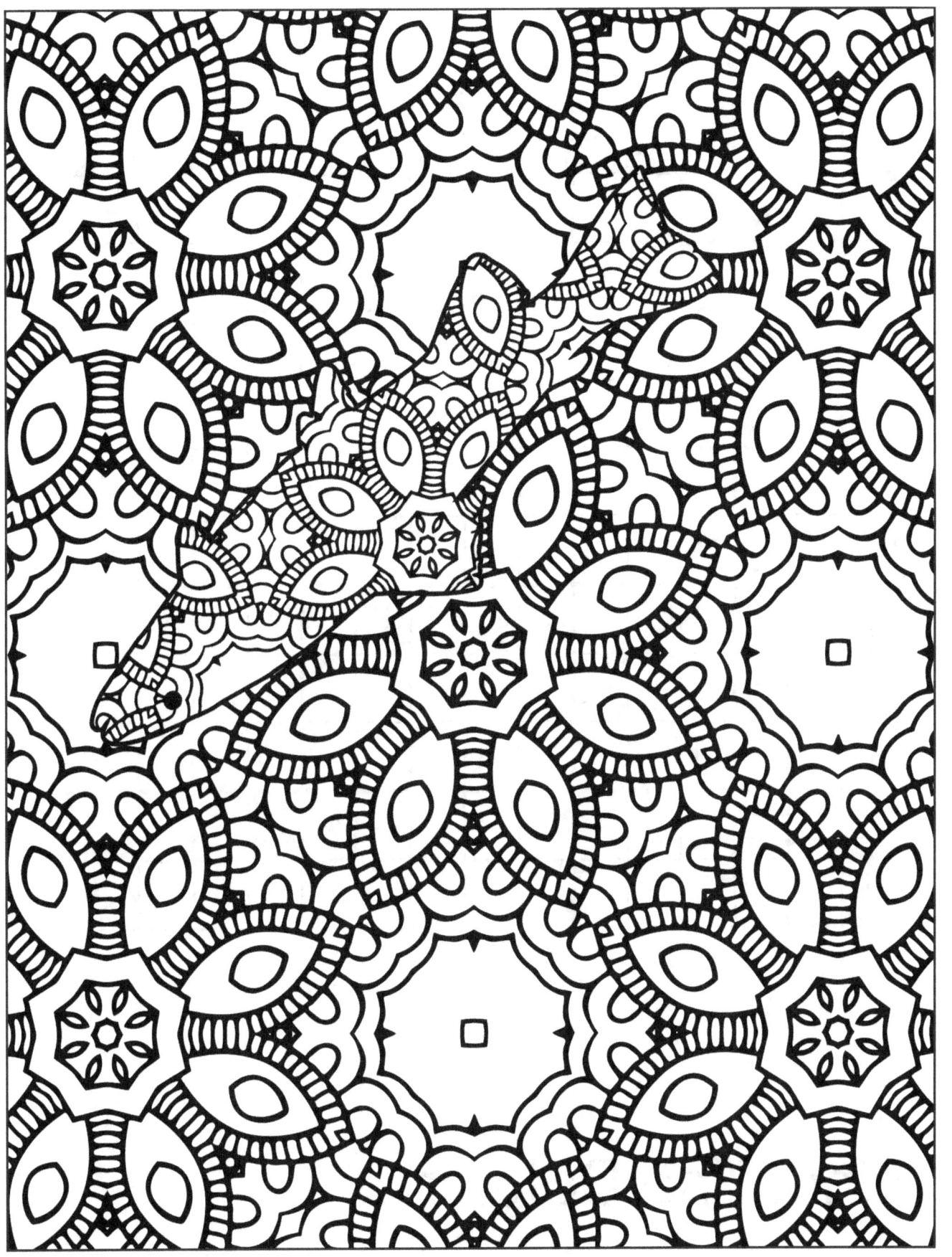

#3

	14↓	11↓	24↓	10↓	5↓	19↓	2↓	7↓		6↓	20↓	25↓	15↓		
42→									26↓ 22→					14↓	16↓
23→					29↓ 8→		16↓ 3→			24↓ 23→					
1→		1→		22↓ 12→				23↓ 34→							
	22↓	24↓ 44→									19↓ 9→		21↓ 10→		
12→			6→			24↓ 36→								24↓ 4→	
9→			10↓ 37→								20↓ 13→				28↓
27→							9↓ 9→		16↓ 27→						
14→					9↓ 27→				23↓ 22→						
14→			10↓	6↓ 8→			14↓	27→				11↓ 11→			
	9↓	8↓ 21→					8↓ 9→			9↓ 13→			5↓ 8→		
26→						14→			31→						

Find: The Dolphin

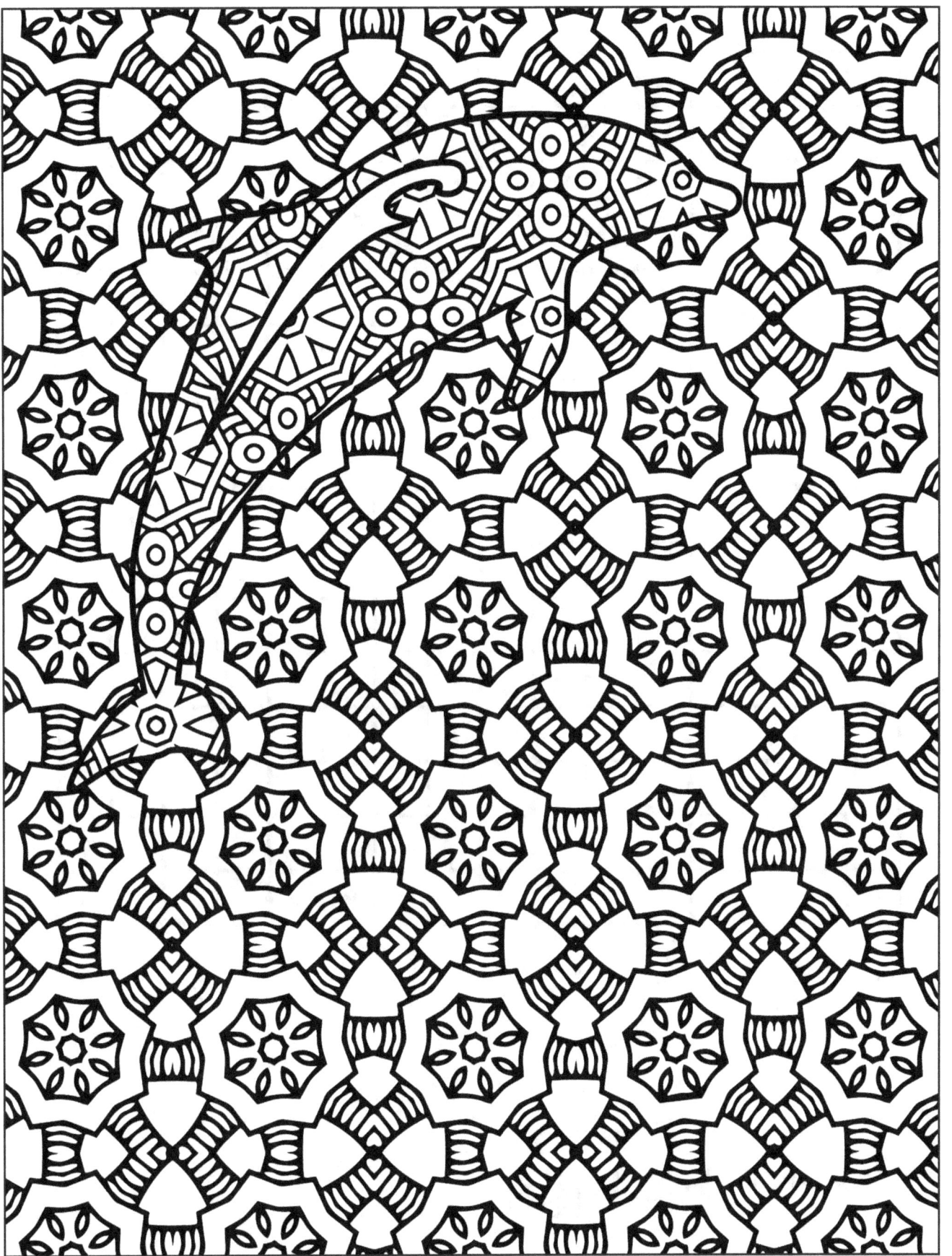

		10		4		1				6				
		7		15			5		1				4	16
					16			7		15				
				8					14			15		
14	8	5				15		3				16		
				5						1			2	
	13	3			4						14	9	11	
					1					6				
								6	7				14	
											6		5	
			10	9	8		4			5		2		
4					5							13	3	
						15	4							
		4				9						3	16	
9										16		7		4
13		11	3						10	9				6

Find: The Fish

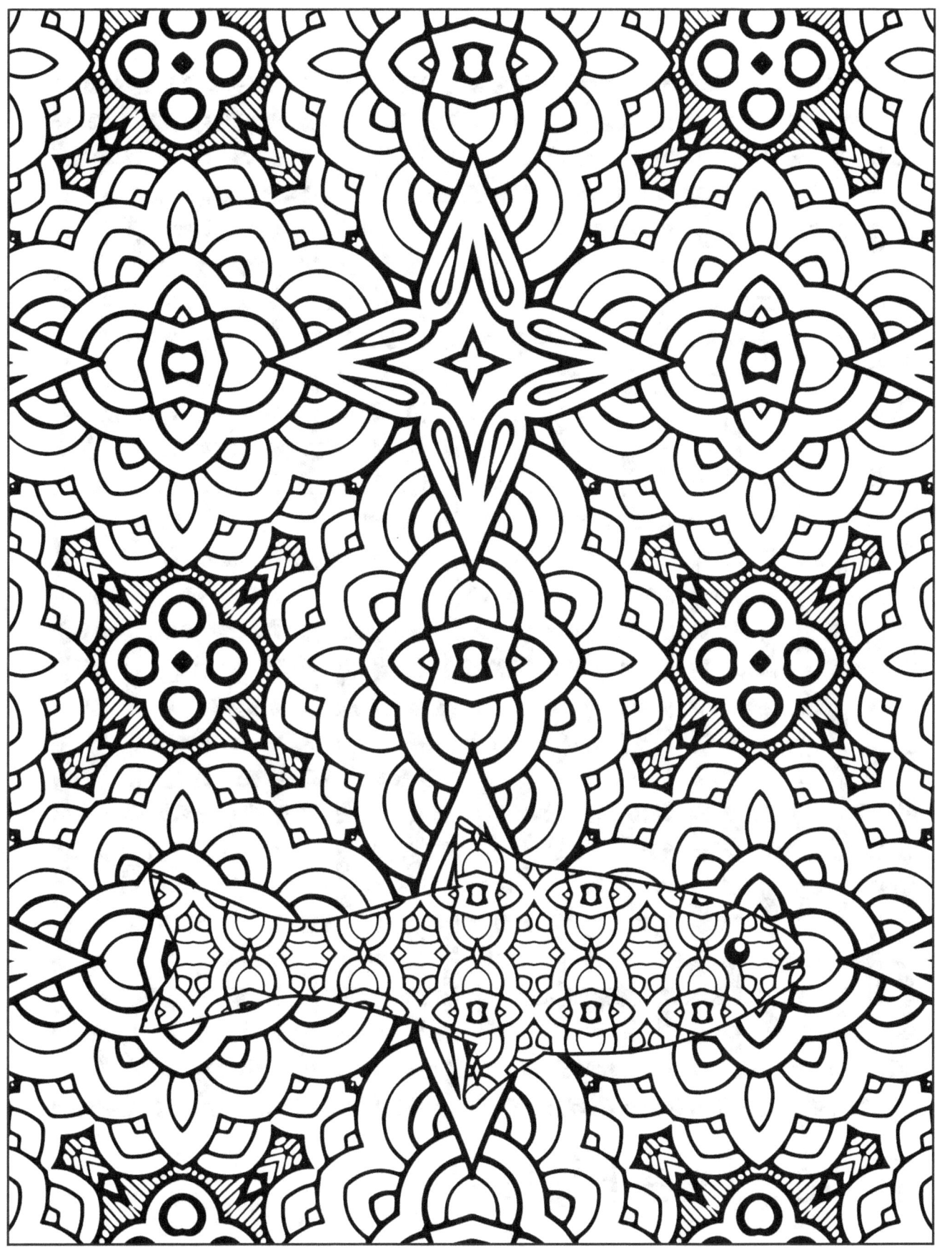

Find: The Fish

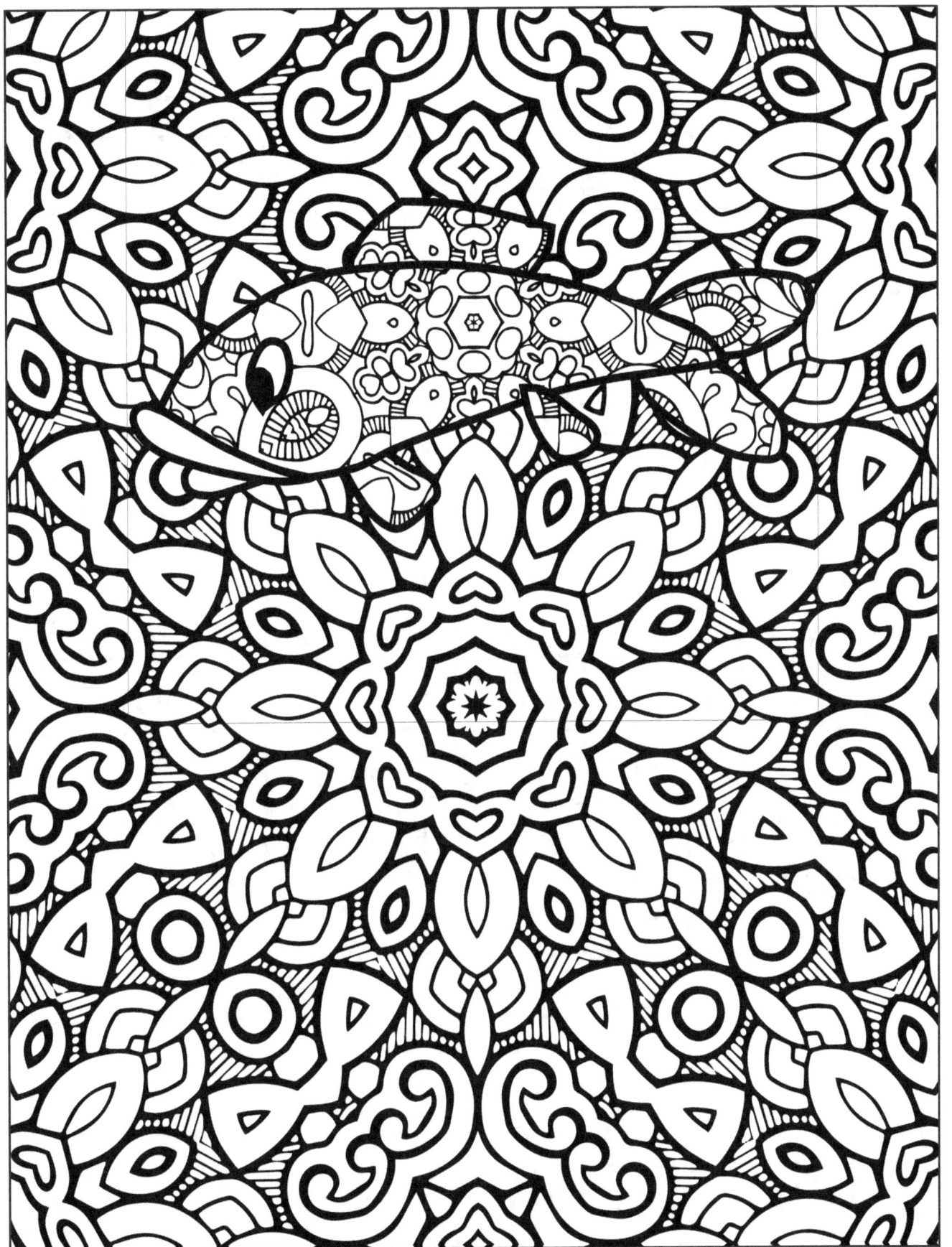

#4

Find: The Fish

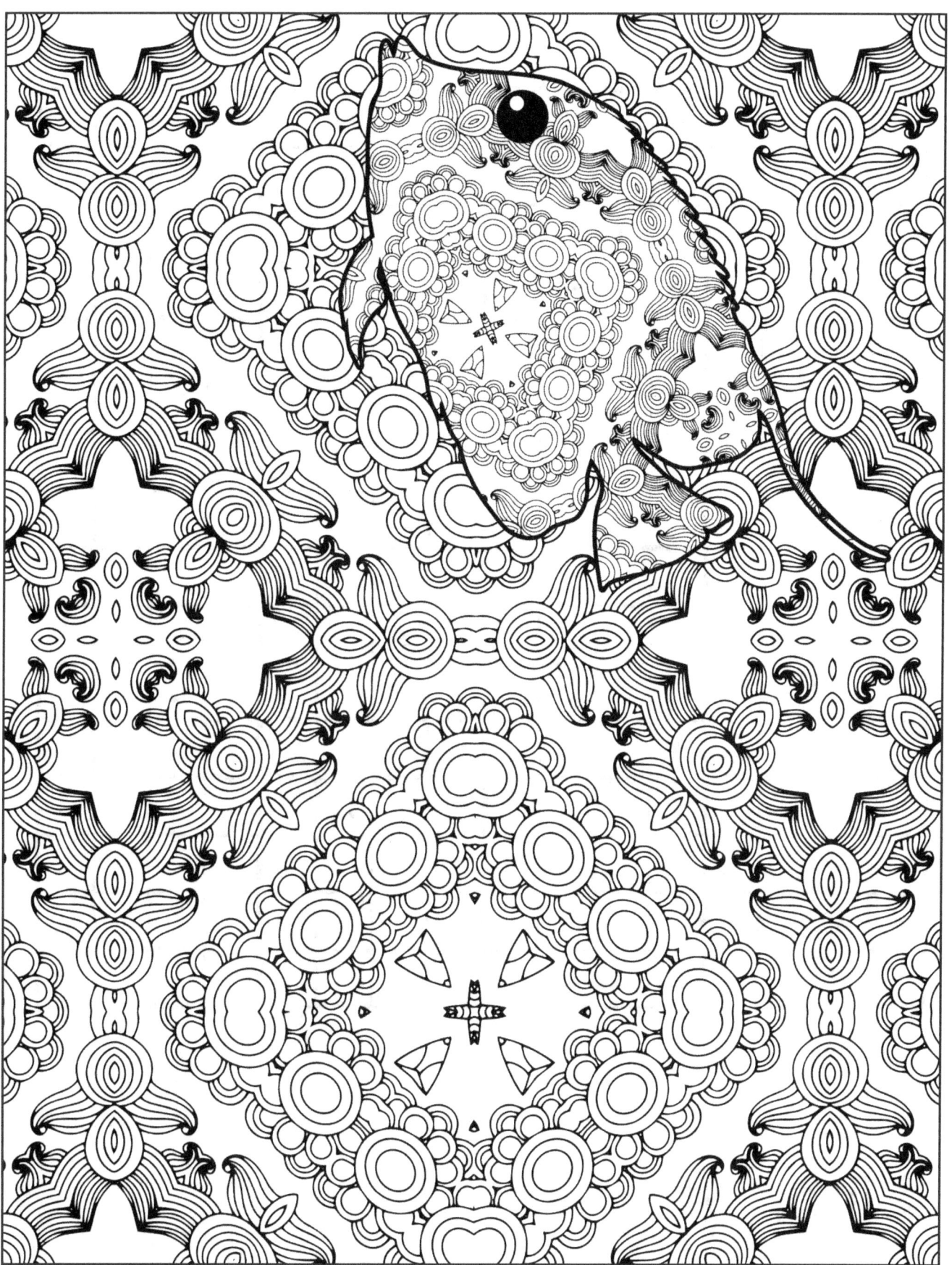

#5

				11	15	5		12		13				4	
						12		16		3		13			
12	4	13			14		1		6						
		1				10			4					8	
								14							
	2					1						10			
		5			16	8	15		12						
			13						1	10		14			
									14	9	12		4	1	
								6					12		
			14	4				13		7	16	6			
		15				7			16		2		12		
						2					9				
	6		7	5		15		1	2	12					
	13		2	16	12		8				15				

Find: The Fish

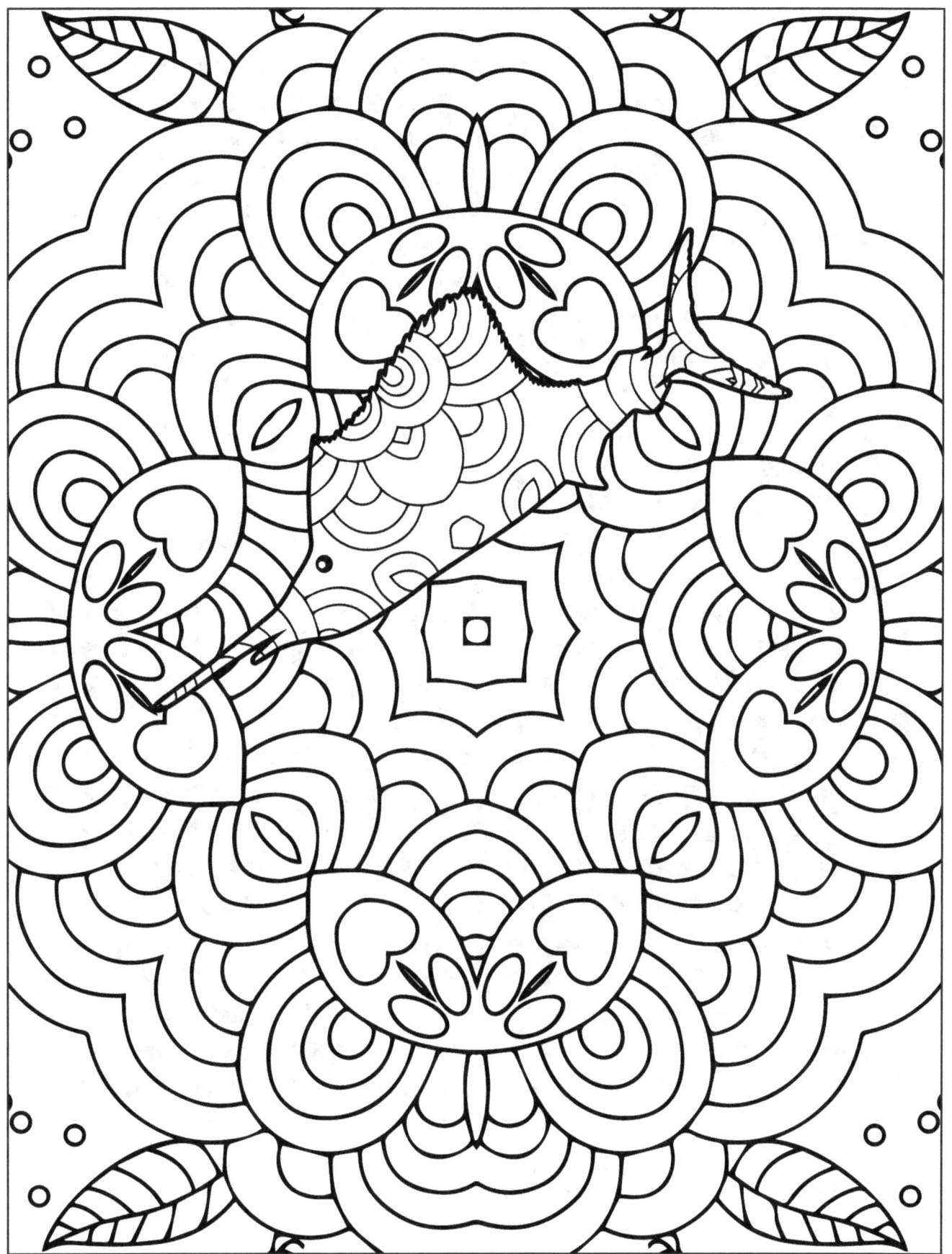

Find: The Fish

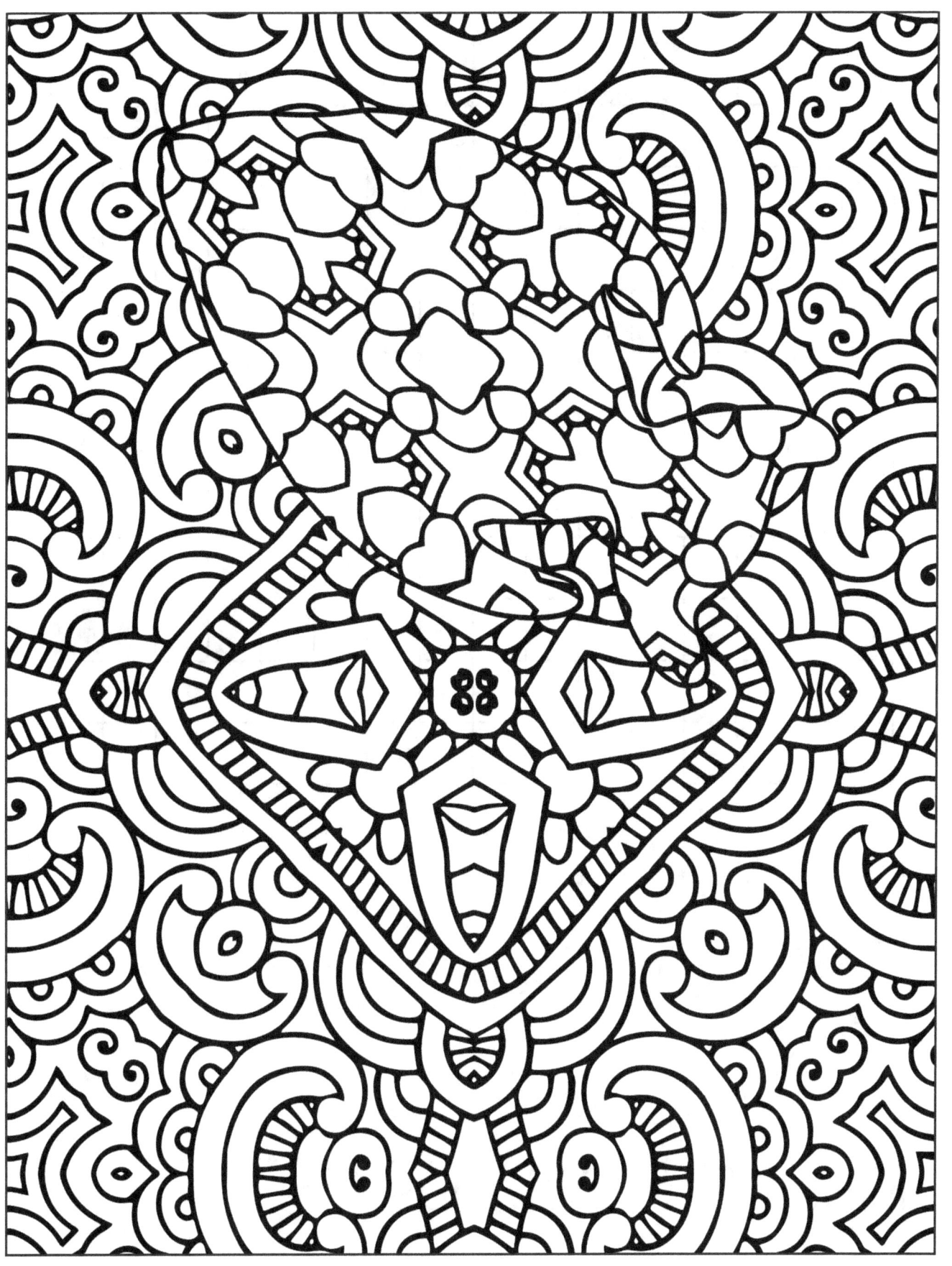

#5

Find: The Octopus

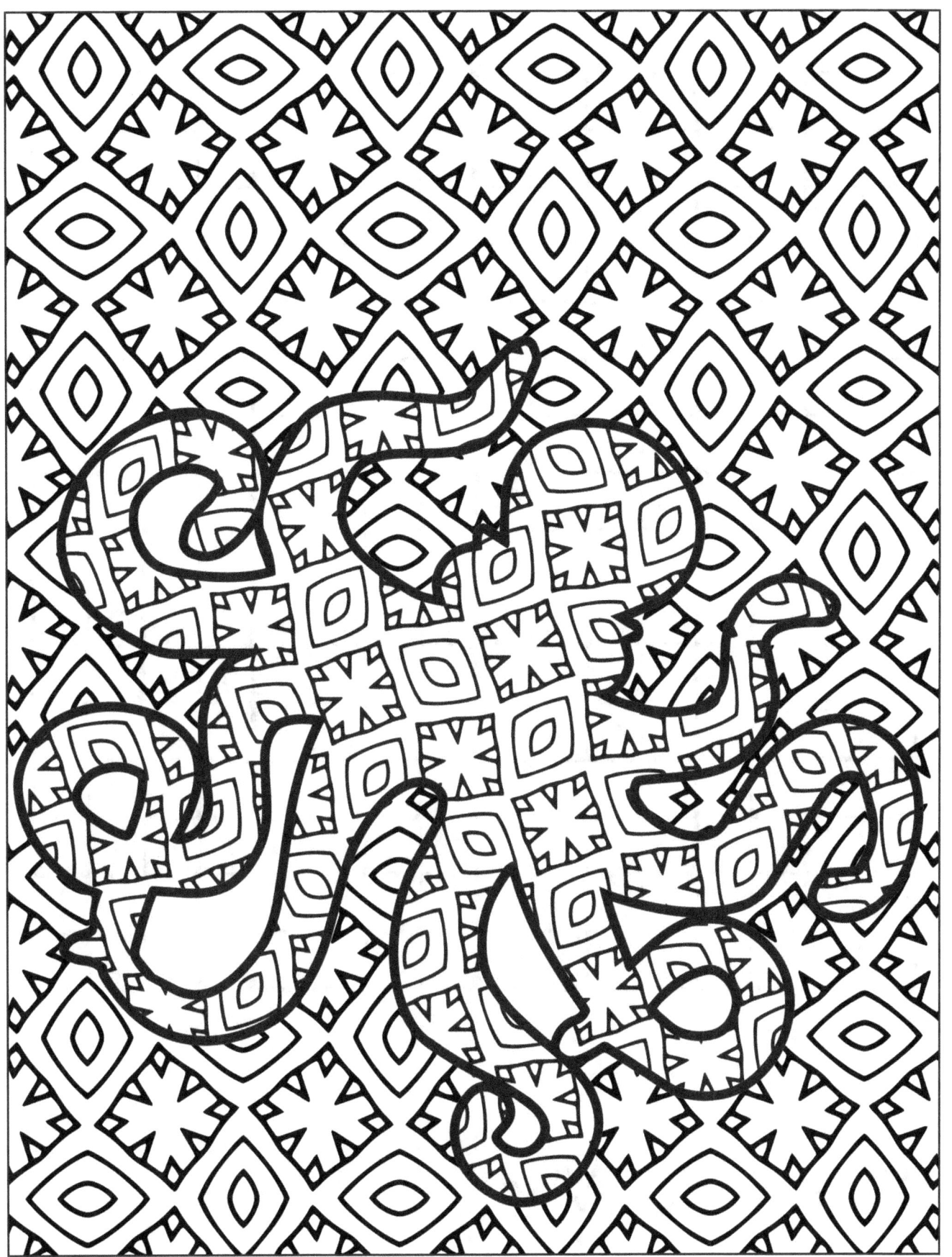

#6

			14			2			13	8					6
	13		3		14			5	6					8	
					8	10					3		2		
					6		1	4							
				1	3			10			8		13		
						2	14		3						9
	4			12		7				13		5			
	11		9	15	16					6					12
			2							5			9		
		5		13									2		
			16								1	11			
			13		9			11	8				16		14
		14	2				3						4		
								13		15		10			3
					1	16					6				
					9		6								

Find: The Whale

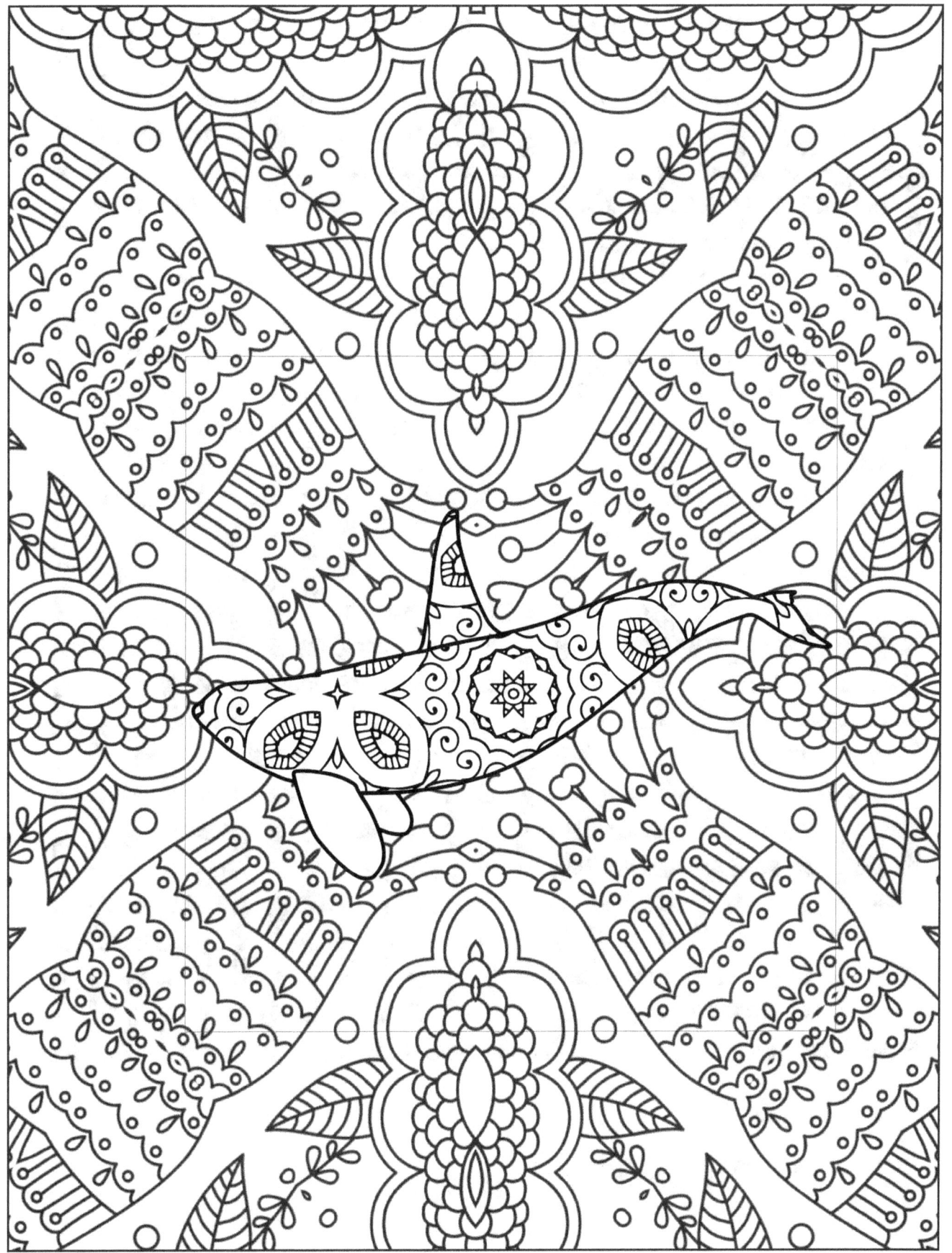

Find: The Dolphin

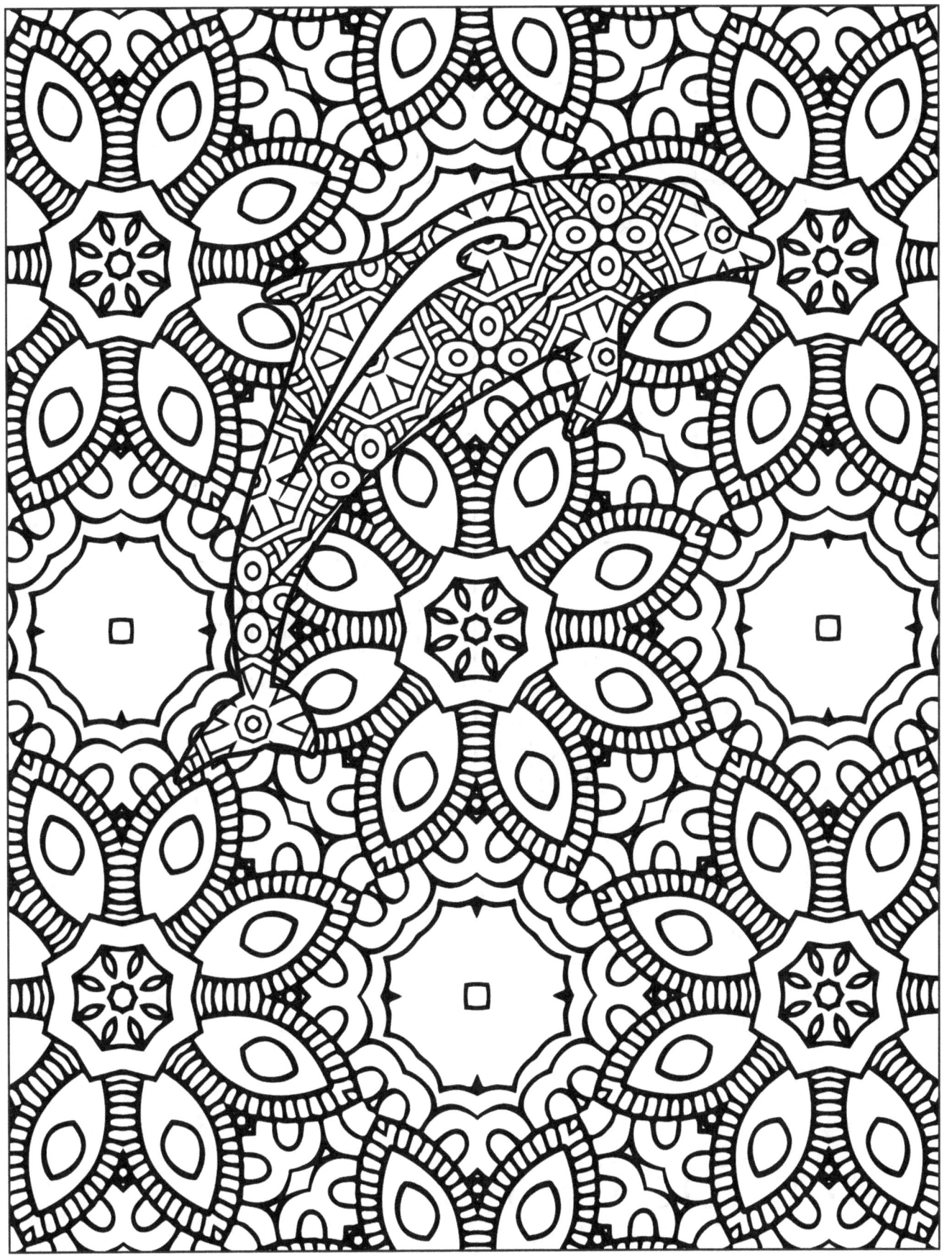

#6

Find: The Fish

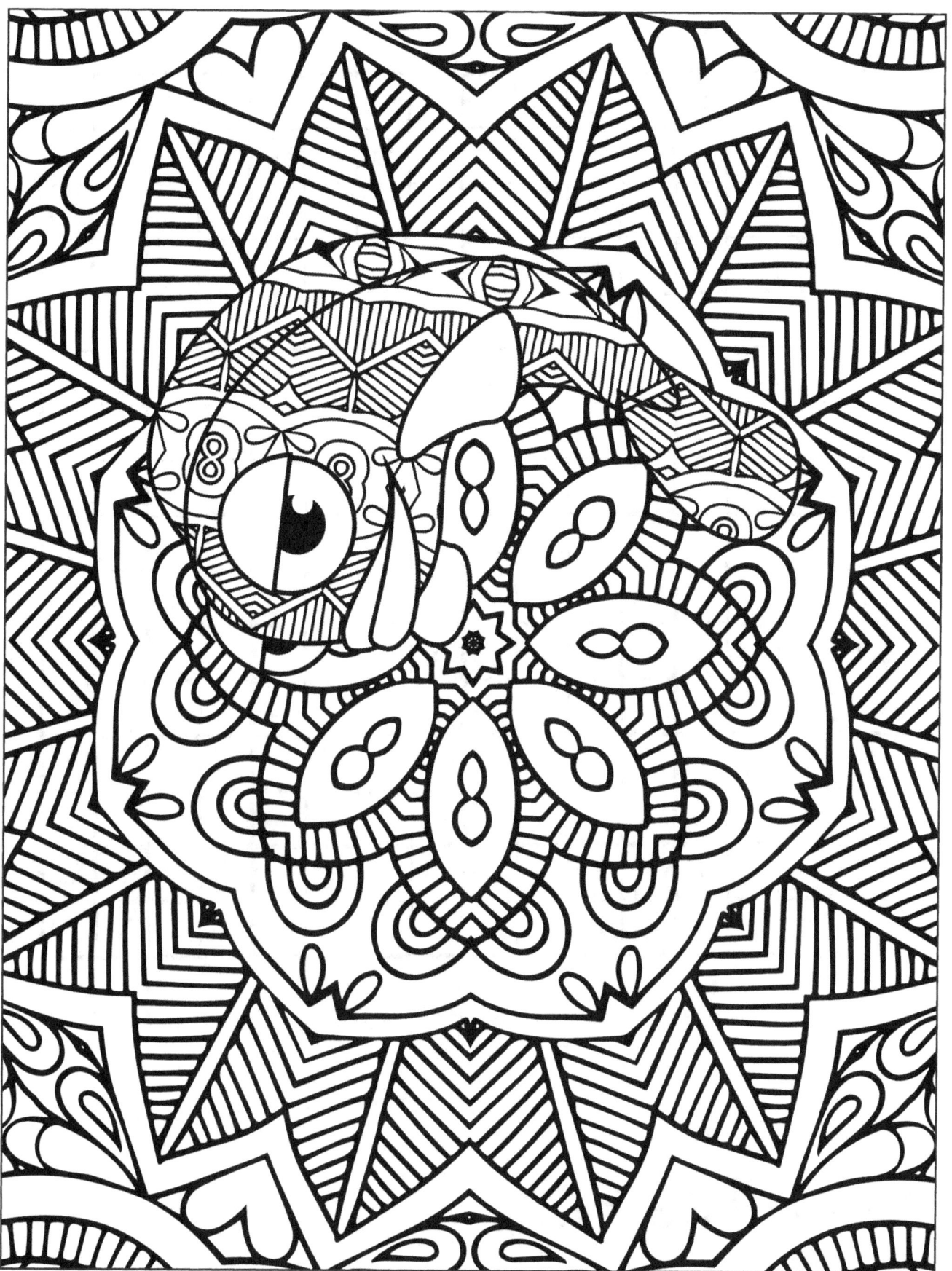

#7

	2		11			3						16			
9			6				15	5	13		16				7
					5										
					6	9									
					7	14			8						
7		12		15			3	1		4	9	16			
			2	6							14			3	
				5				16			3				
	3					10			1				5		
15			14		6		12						1	16	
		12					3								
			4			7		9		15					
						14								7	2
					16	5									9
		7	3							8					10
14	9	2		8	15									1	16

Find: The Fish

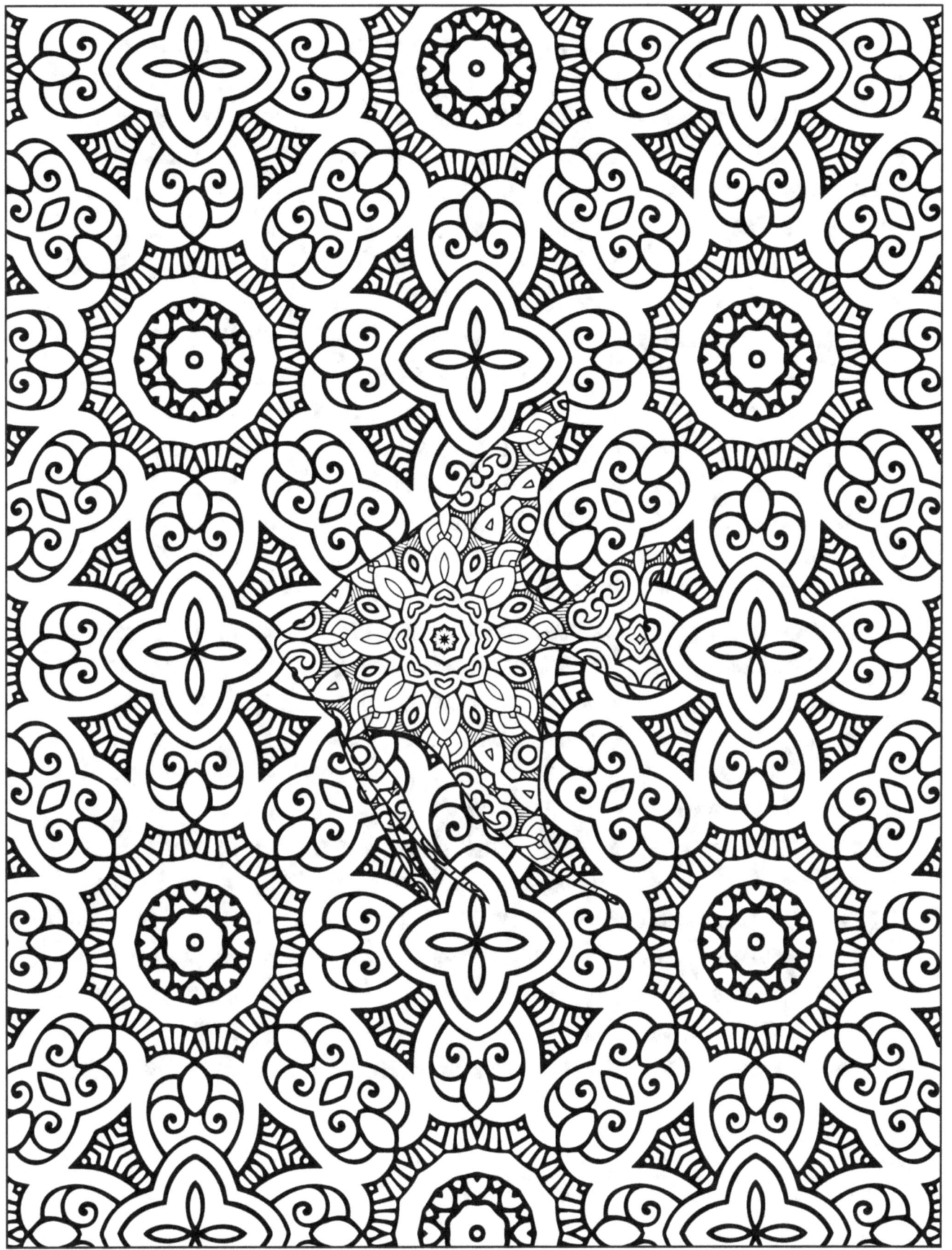

Find: The Mermaid

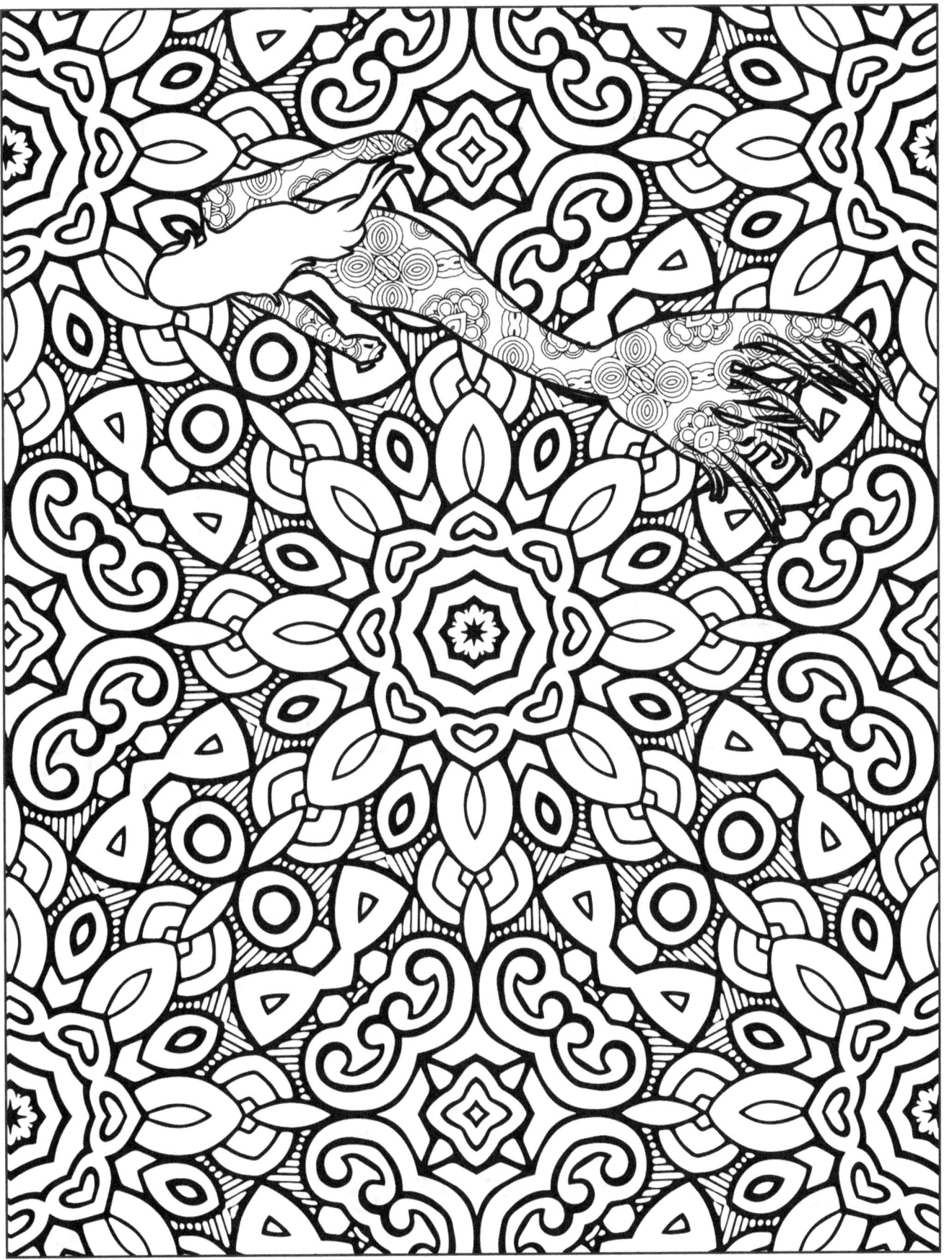

#7

Find: The Seahorse

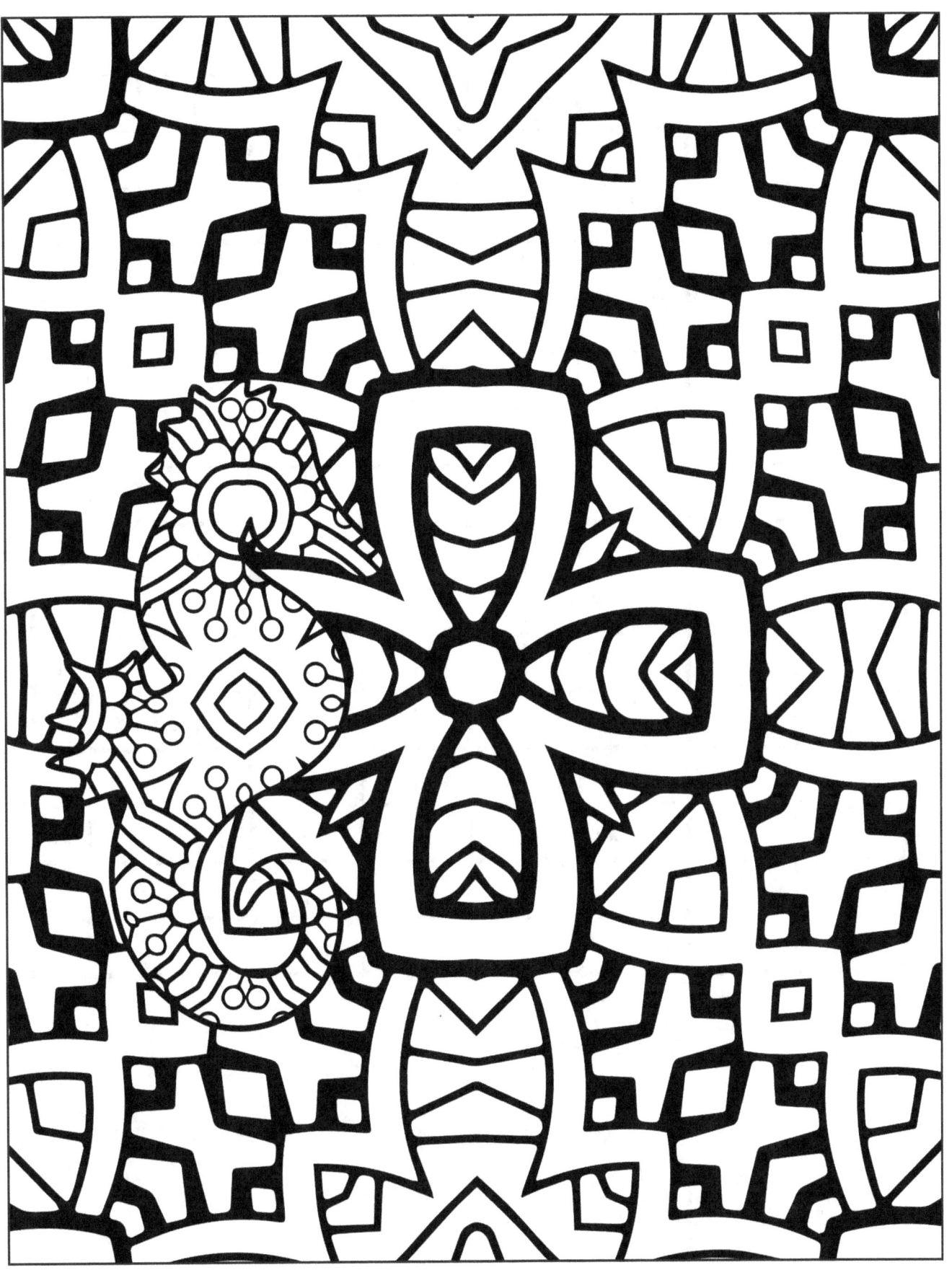

#8

			6	14		12				7				
10			13					9					12	5
				9				3		16			14	
		14	12	11		15		5					9	
6				4		13		3						
							16			5				
16	12										14			
			2	16						9		4		
			9			4	11							8
	10			12	13				9	6				
					6		11	12						1
		15			16			1			5	6		
	5				6		12					16	2	
9			16		12			15						11
		3				5				10		15		
	7			13		9			11					

Find: The Seal

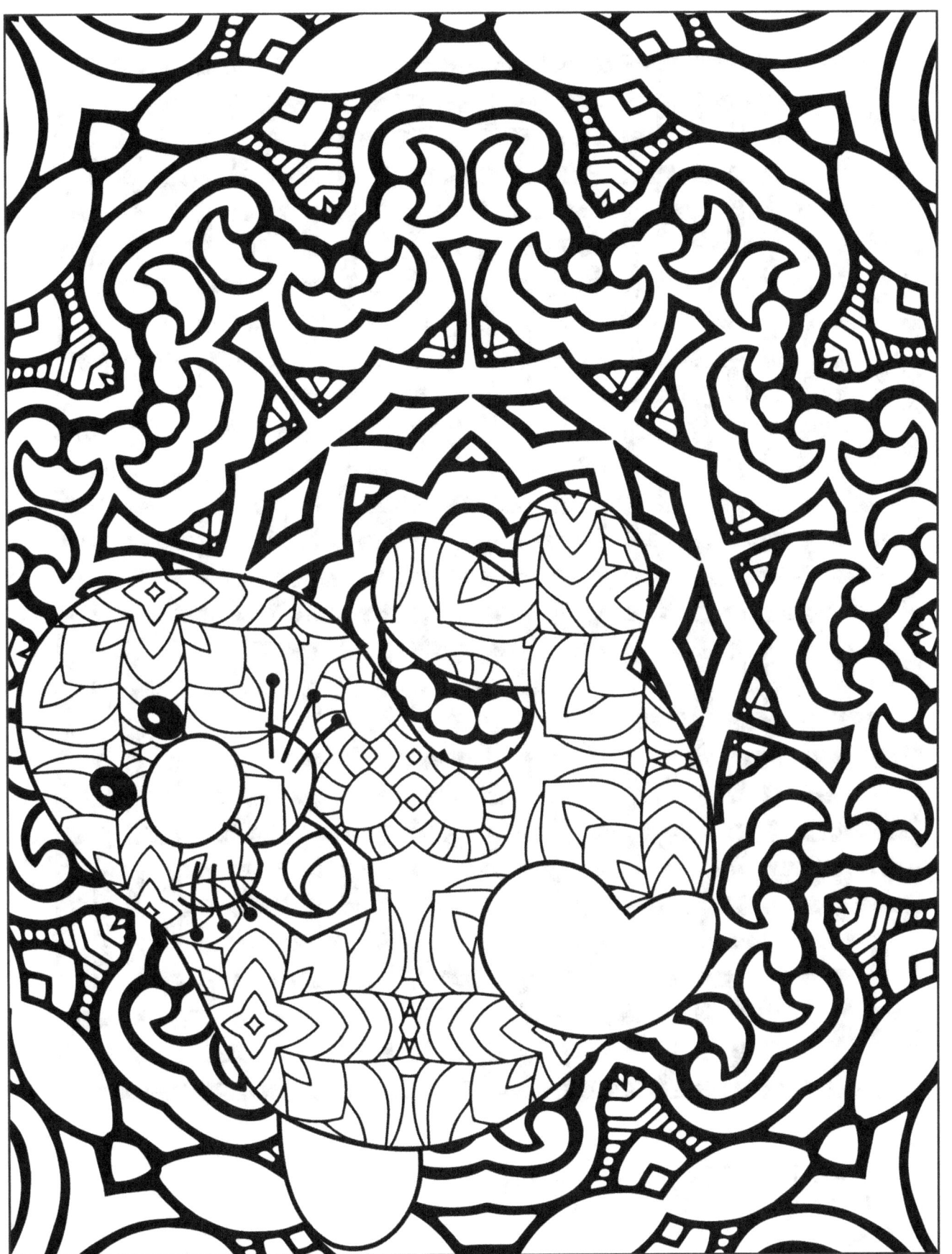

Find: The Shell

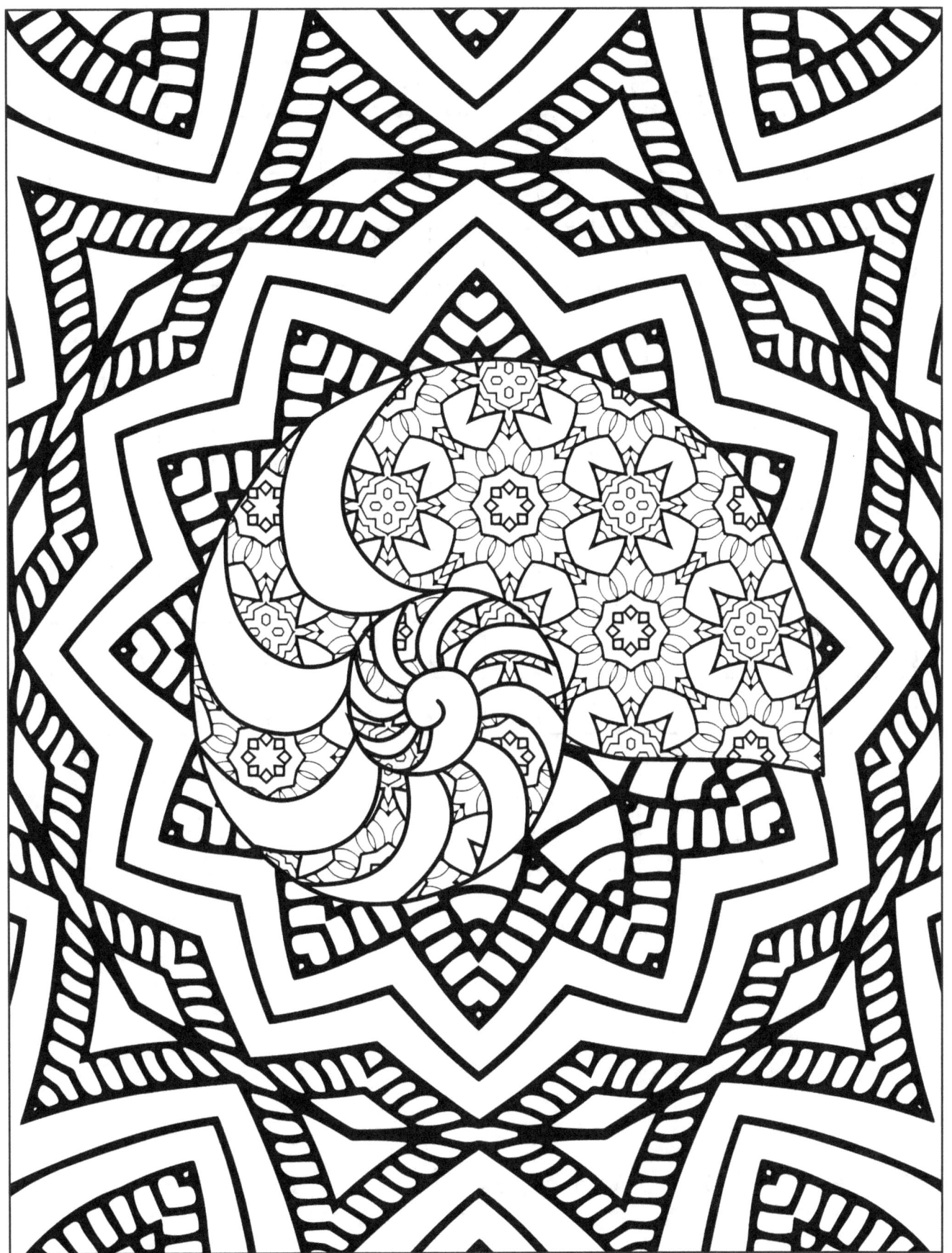

#8

	45↓	34↓	45↓	6↓	21↓	7↓		14↓	24↓	26↓	30↓	22↓	31↓	5↓	21↓
38→							32↓ 42→								
12→				11↓ 4→		33↓ 36→								37↓ 5→	
34→								35→							
14→					28↓ 13→			23↓	25→						
39→								19→							32↓
19→				23↓ 25→				29↓ 10→			25↓ 24→				
45→									5↓	22↓ 22→					
1→		21↓ 15→				29→							13→		
33→							10↓ 26→						12↓ 17→		
	7→		4↓ 9→			9↓ 2→		4↓ 5→		8↓ 13→				7↓ 4→	
	9→			28→					17→			17→			

Find: The Starfish

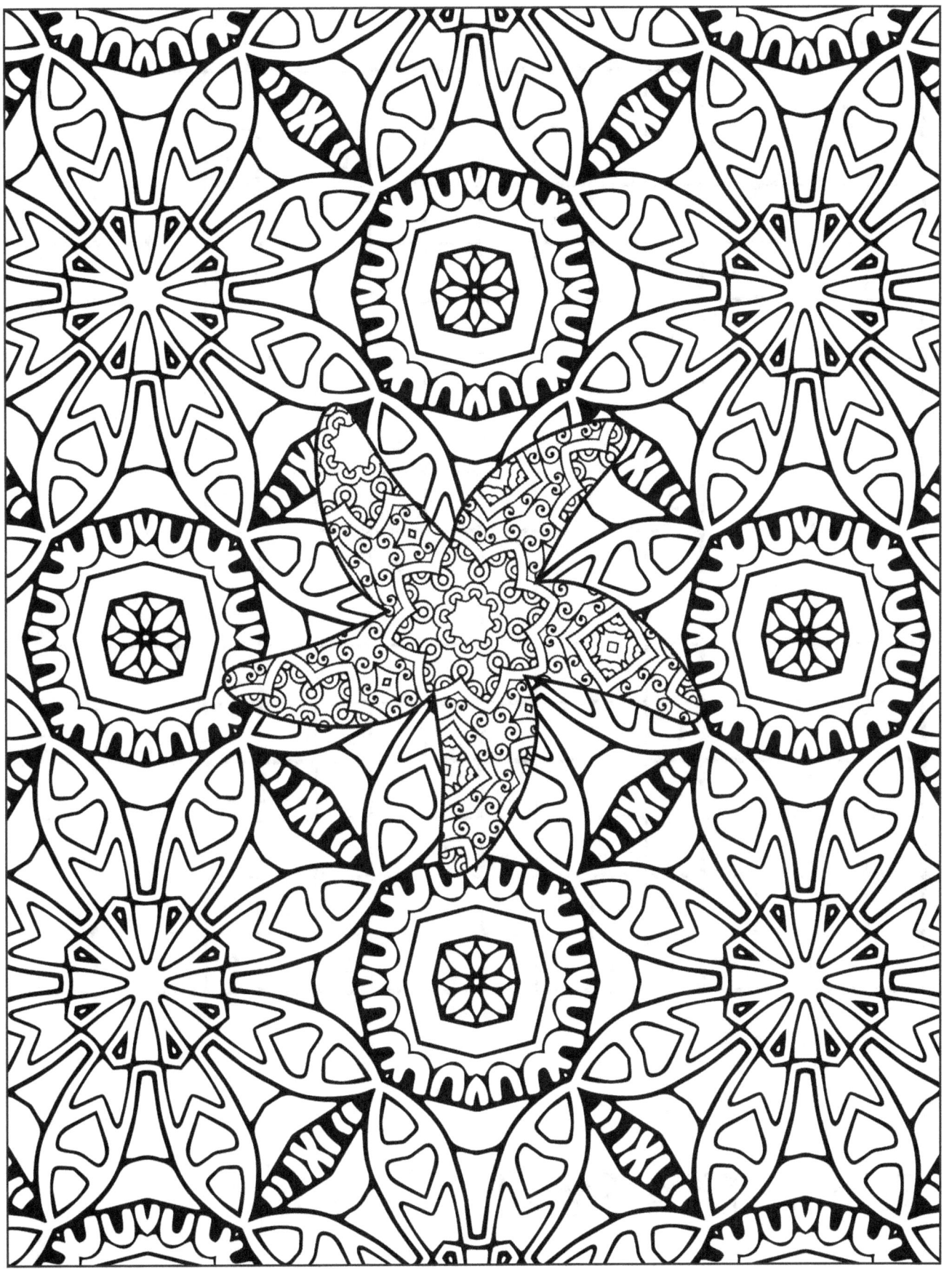

#9

	10								4	13			14	
16								6		4				1
					14	4			3			12		
		14	11		1					12				2
		10		4	3						1			
	15			14		8				1		11		
	16						3	4						
				5			7	2	6	15				
			2				12	3						
										7				
		3	12						8			6	2	
13	6			10									4	
	9		16			5	7	1			2	4		13
	7		14			10	13	2				5		
					13					3	14			
				9	14				16		3			7

Find: The Seal

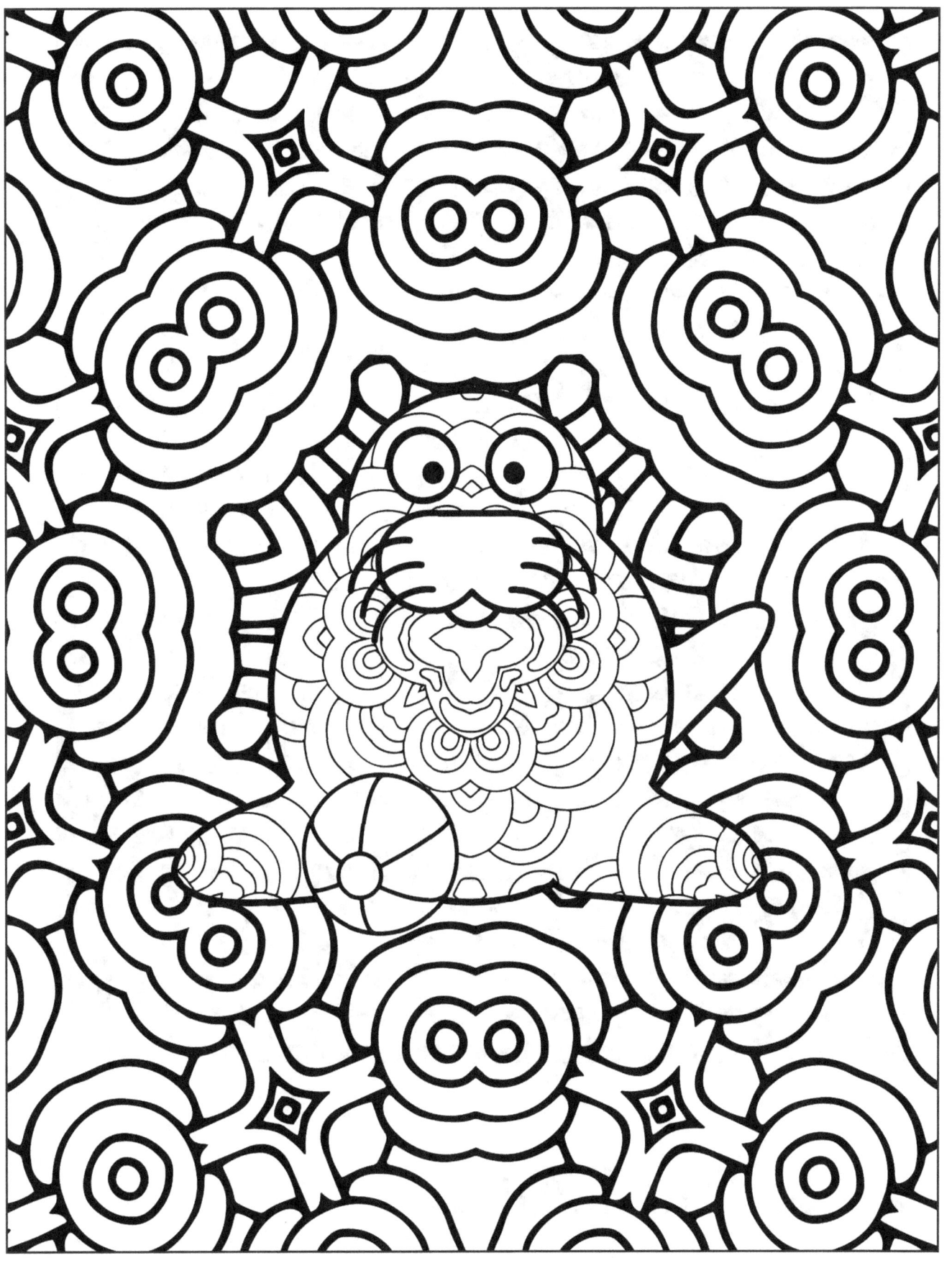

Find: The Turtles

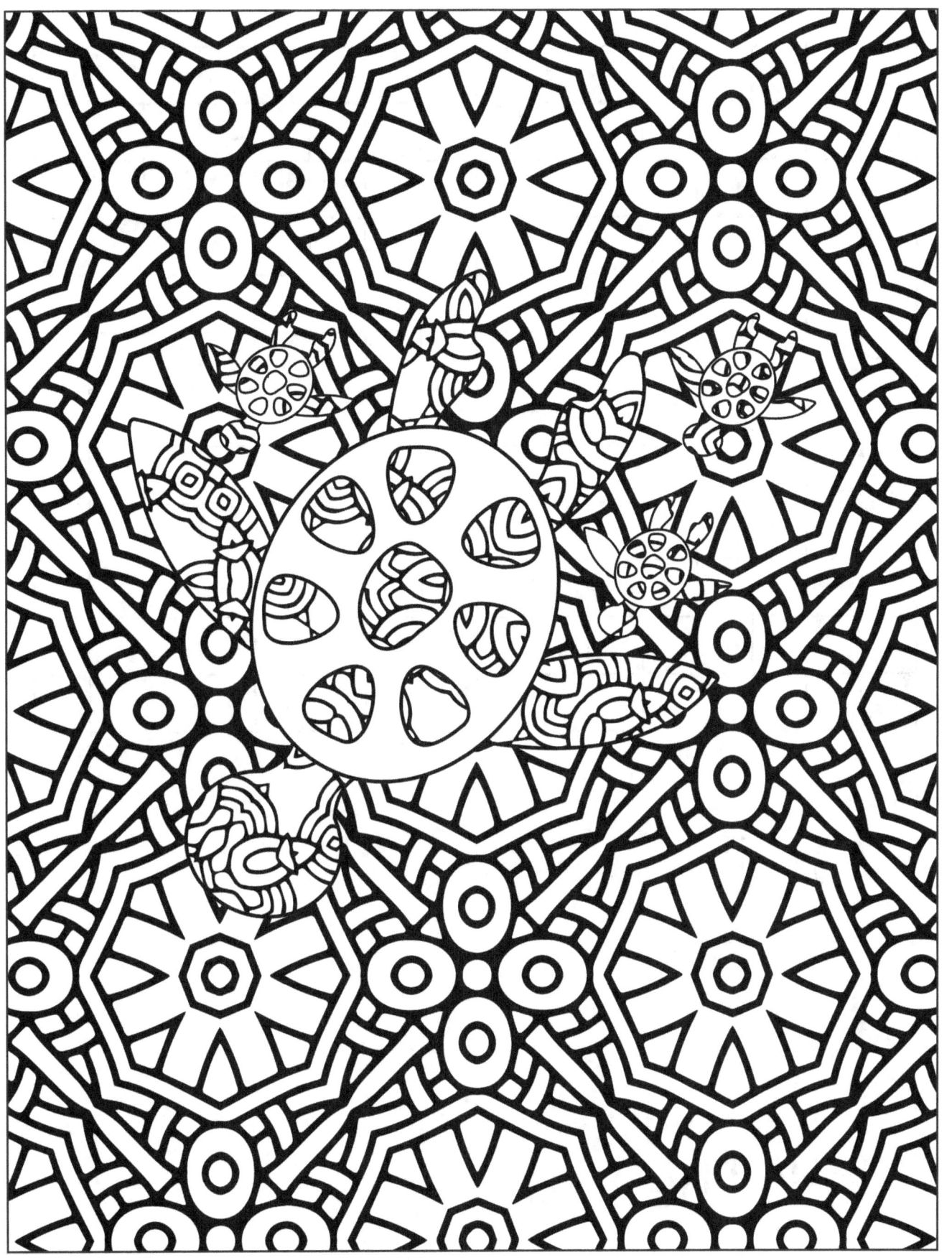

#9

Find: The Fish

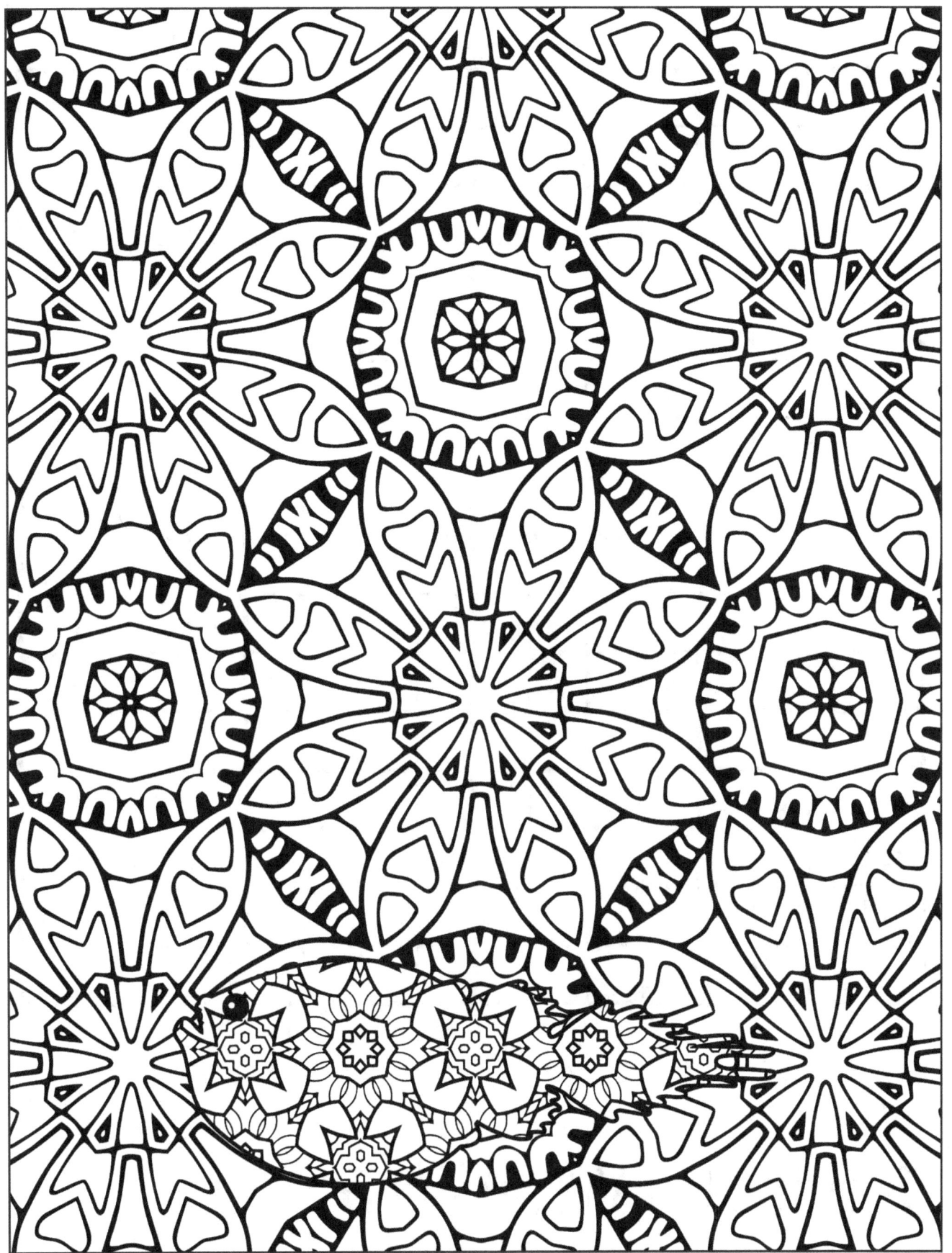

#10

	10	11		9	7	6				5				14	
12	6		7			13	5	11							
	8	13			10										
		16		1			12		9				5		8
2			11		14							3	8	1	
				5					13	2	11				
			8				14			4					
9															
			12	14	16										1
16				2			1				8	14		12	
8			13	6							14			9	15
						8			9					16	
		8	16					5		6					4
11					7		13								
13	15					6									14
6															

Find: The Whale

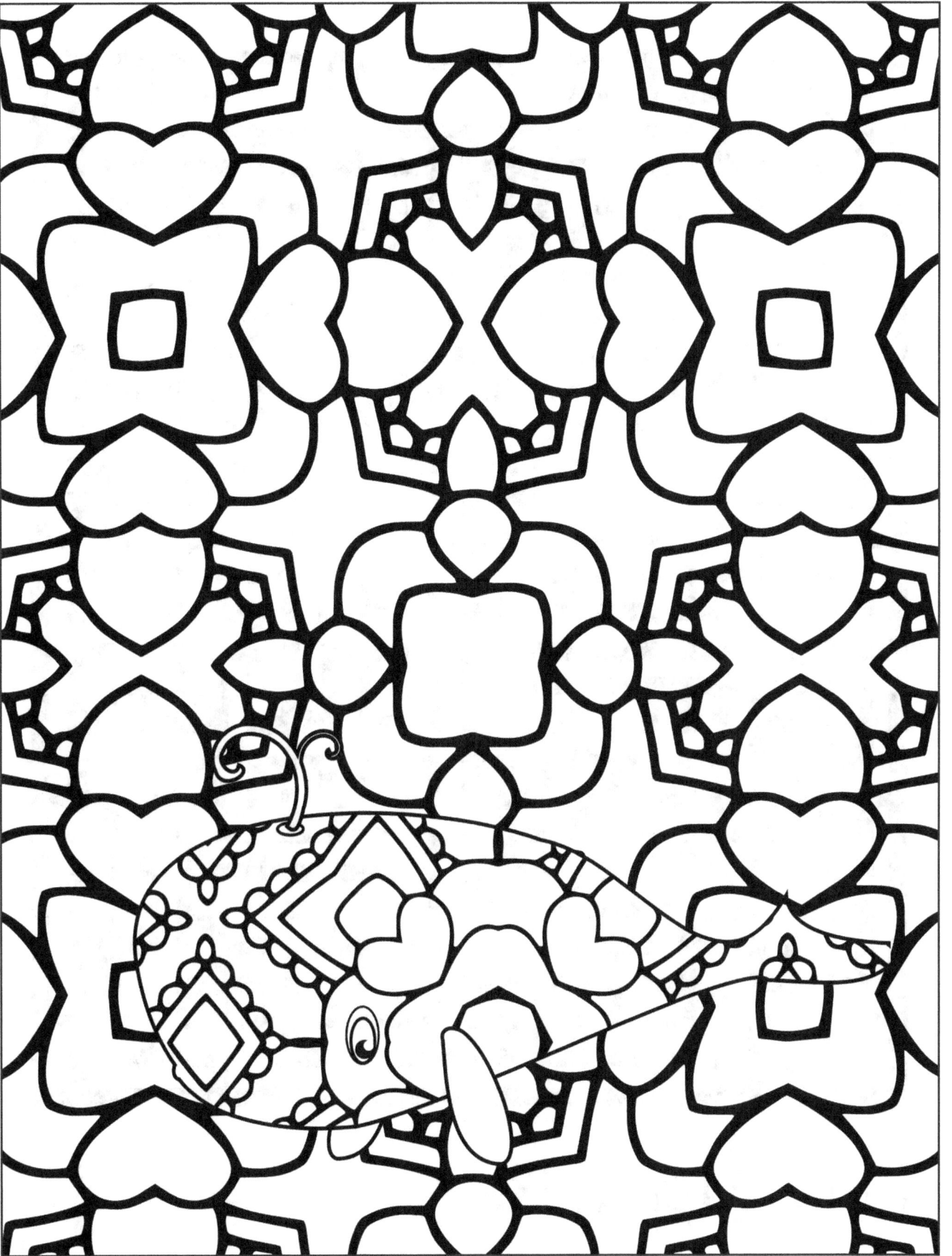

Find: Manta Ray

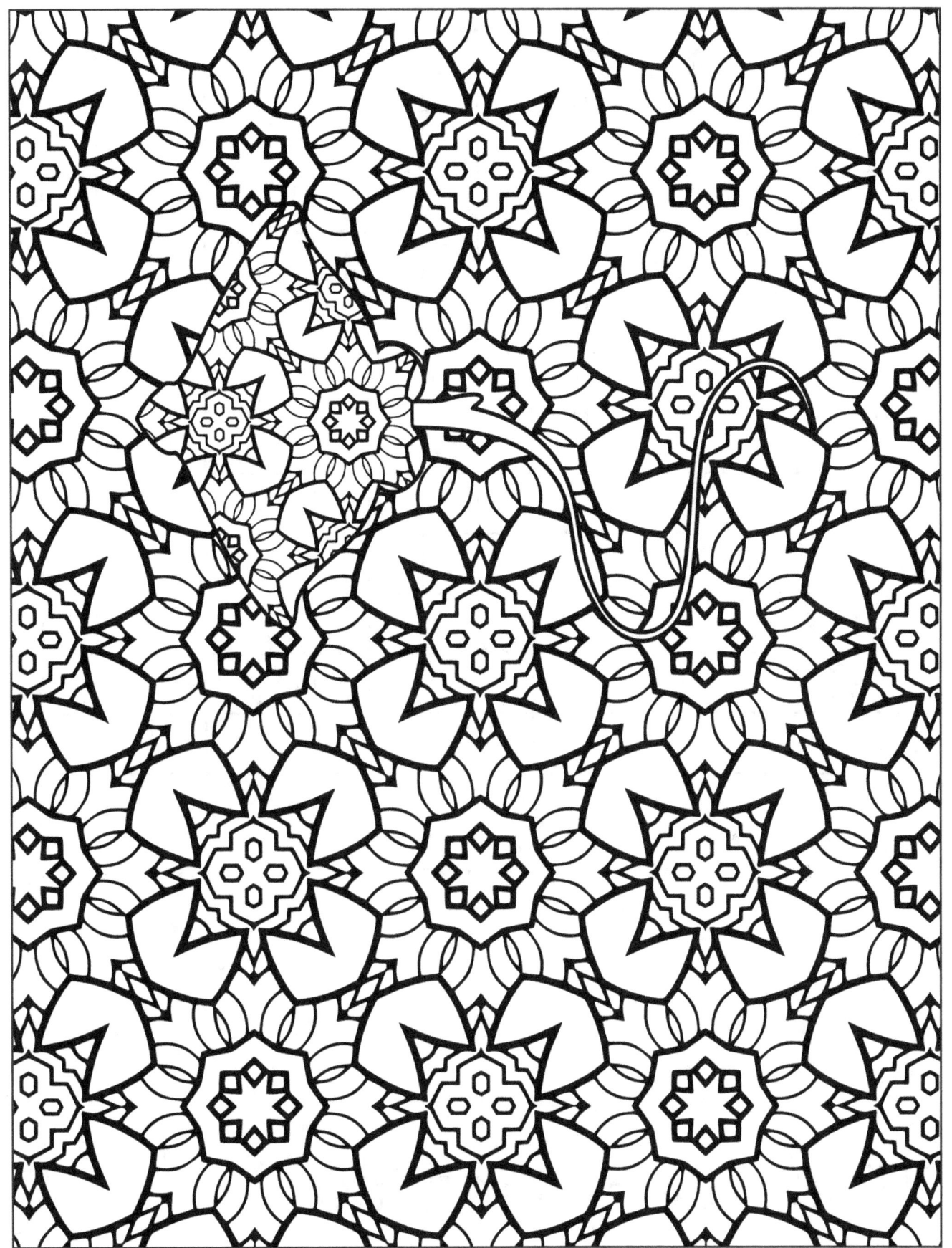

#10

Find: The Submarine

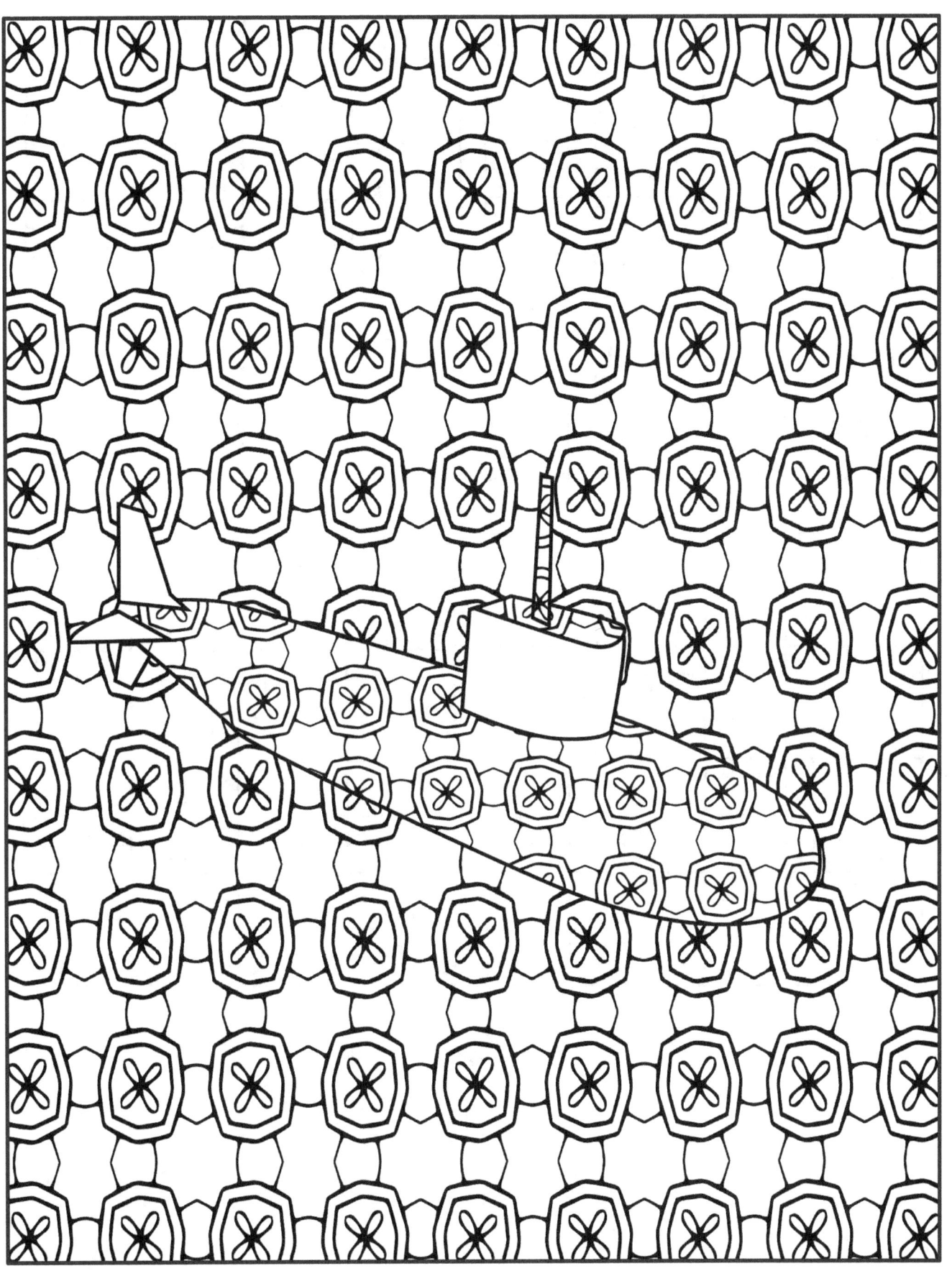

#1

5	16	8	6	2	14	1	12	7	11	9	4	15	3	13	10
1	13	4	3	15	6	5	9	16	8	2	10	7	14	11	12
7	15	14	2	10	11	16	3	12	1	13	5	6	8	9	4
10	11	12	9	8	13	4	7	14	3	15	6	16	1	5	2
16	9	11	12	1	15	6	14	10	4	3	13	5	2	8	7
8	7	13	1	4	2	9	16	11	14	5	15	10	12	6	3
6	2	5	4	3	12	13	10	9	16	7	8	11	15	1	14
14	3	10	15	11	7	8	5	1	6	12	2	9	16	4	13
13	10	1	16	7	8	3	15	6	12	11	9	2	4	14	5
3	6	15	5	16	4	12	2	8	13	10	14	1	9	7	11
4	8	2	7	13	9	14	11	15	5	1	16	3	10	12	6
11	12	9	14	6	5	10	1	3	2	4	7	8	13	15	16
9	5	7	10	12	1	2	6	4	15	14	3	13	11	16	8
15	4	16	8	5	10	11	13	2	9	6	12	14	7	3	1
12	14	6	11	9	3	7	8	13	10	16	1	4	5	2	15
2	1	3	13	14	16	15	4	5	7	8	11	12	6	10	9

#2

4	5	2	7	14	10	3	16	12	1	13	9	6	8	11	15
13	3	14	15	7	12	5	4	8	11	16	6	1	10	9	2
8	9	1	10	13	15	11	6	5	4	3	2	14	7	16	12
11	12	6	16	9	1	2	8	15	7	14	10	4	5	3	13
2	13	3	4	15	8	7	5	9	10	6	16	11	14	12	1
6	15	5	14	1	4	9	10	11	12	7	13	3	2	8	16
1	11	12	9	3	13	16	2	14	8	4	15	10	6	5	7
10	7	16	8	11	14	6	12	2	5	1	3	9	13	15	4
5	6	10	11	8	3	12	1	7	14	2	4	15	16	13	9
7	2	13	3	6	16	4	9	1	15	8	12	5	11	14	10
14	8	15	1	10	11	13	7	6	16	9	5	2	12	4	3
9	16	4	12	5	2	15	14	3	13	10	11	7	1	6	8
16	10	8	6	12	5	1	15	4	9	11	7	13	3	2	14
3	14	9	5	2	7	8	13	16	6	15	1	12	4	10	11
12	1	11	13	4	9	14	3	10	2	5	8	16	15	7	6
15	4	7	2	16	6	10	11	13	3	12	14	8	9	1	5

#3

15	14	4	6	13	7	1	2	3	10	12	11	9	16	5	8
1	16	10	8	15	5	11	9	2	6	7	4	14	13	3	12
3	9	2	12	14	4	8	10	16	13	1	5	11	6	15	7
5	11	13	7	12	6	16	3	8	9	14	15	4	2	1	10
4	12	5	14	16	11	9	8	15	2	6	1	10	7	13	3
13	1	7	10	5	15	6	14	4	11	3	8	16	12	9	2
6	15	9	3	4	13	2	7	14	16	10	12	5	1	8	11
16	8	11	2	10	1	3	12	5	7	13	9	15	14	6	4
8	6	15	1	7	3	4	16	11	14	5	2	13	10	12	9
10	5	12	16	11	9	13	15	1	3	8	7	2	4	14	6
11	2	3	9	8	10	14	5	6	12	4	13	7	15	16	1
7	4	14	13	6	2	12	1	10	15	9	16	8	3	11	5
2	3	8	5	9	14	7	6	13	1	15	10	12	11	4	16
12	10	6	11	1	8	5	13	7	4	16	14	3	9	2	15
9	13	1	15	2	16	10	4	12	8	11	3	6	5	7	14
14	7	16	4	3	12	15	11	9	5	2	6	1	8	10	13

#4

15	11	10	9	4	12	1	2	16	8	13	6	14	5	7	3
12	14	7	8	15	3	13	5	11	1	9	2	10	6	4	16
5	2	13	4	6	10	16	14	7	3	15	12	8	1	9	11
16	3	6	1	8	11	9	7	5	14	4	10	12	15	13	2
14	8	5	6	13	9	15	11	3	10	2	7	4	16	12	1
10	4	16	12	5	6	8	3	13	9	1	11	7	14	2	15
1	13	3	7	10	4	2	12	8	15	16	14	9	11	6	5
2	9	15	11	14	1	7	16	12	4	6	5	3	10	8	13
11	5	9	13	16	15	3	10	2	6	7	4	1	8	14	12
8	12	2	15	7	13	14	1	10	16	11	3	6	4	5	9
3	6	14	10	9	8	12	4	15	13	5	1	16	2	11	7
4	7	1	16	11	2	5	6	9	12	14	8	15	13	3	10
7	1	12	14	2	16	6	15	4	5	3	13	11	9	10	8
6	10	4	5	12	7	11	9	1	2	8	15	13	3	16	14
9	15	8	2	3	14	10	13	6	11	12	16	5	7	1	4
13	16	11	3	1	5	4	8	14	7	10	9	2	12	15	6

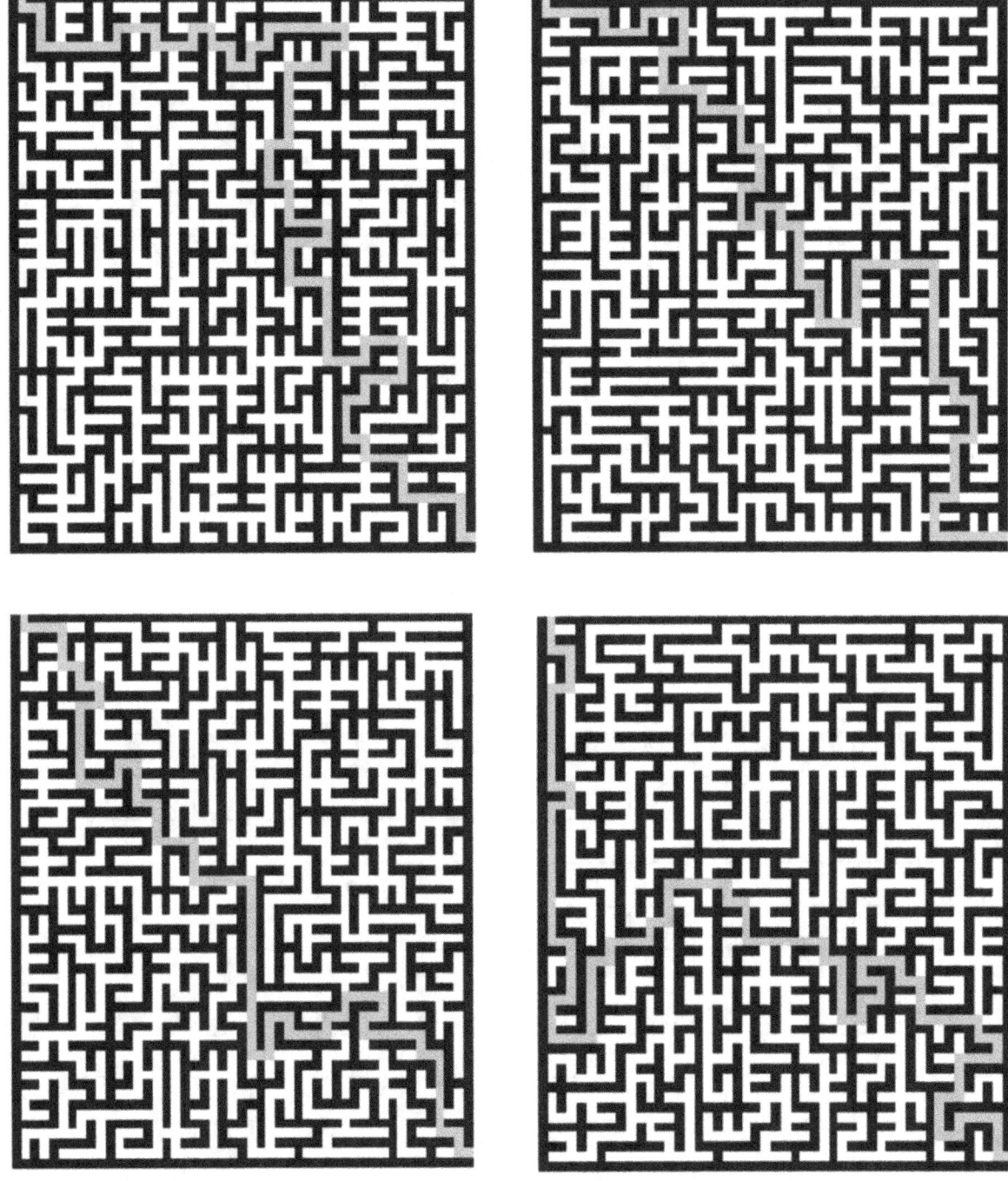

#5

7	3	14	16	11	15	5	9	12	8	13	10	1	6	4	2
8	11	6	5	7	2	12	4	16	9	3	1	13	14	15	10
12	4	13	10	8	14	16	1	5	6	15	2	3	9	7	11
2	9	1	15	6	3	10	13	7	4	14	11	12	16	8	5
10	12	8	4	13	6	11	3	15	16	1	7	5	2	14	9
6	15	7	3	9	10	4	5	14	13	2	8	16	1	11	12
13	2	16	11	12	7	1	14	9	5	4	3	10	8	6	15
14	1	5	9	2	16	8	15	10	12	11	6	4	13	3	7
11	7	12	13	15	8	2	6	3	1	10	4	14	5	9	16
15	8	10	6	3	5	7	16	2	14	9	12	11	4	1	13
4	16	9	1	14	11	13	10	6	15	8	5	7	12	2	3
3	5	2	14	4	1	9	12	13	11	7	16	6	15	10	8
5	10	15	8	1	9	14	7	4	3	16	13	2	11	12	6
1	14	11	12	10	13	6	2	8	7	5	15	9	3	16	4
16	6	3	7	5	4	15	11	1	2	12	9	8	10	13	14
9	13	4	2	16	12	3	8	11	10	6	14	15	7	5	1

#6

15	5	1	14	16	11	2	9	10	13	8	7	4	12	3	6
4	13	11	3	7	14	15	12	5	6	1	2	9	10	8	16
7	16	12	6	4	8	10	13	15	9	14	3	5	2	1	11
8	9	2	10	5	6	3	1	4	16	12	11	14	7	15	13
2	12	16	5	1	3	6	14	9	10	11	15	8	4	13	7
1	15	13	7	10	4	8	2	14	5	3	12	11	6	16	9
6	4	10	8	9	12	11	7	16	1	2	13	3	5	14	15
14	11	3	9	15	16	13	5	8	4	7	6	2	1	10	12
11	1	4	12	2	10	14	6	7	3	16	5	13	15	9	8
9	8	5	15	13	1	16	11	12	14	6	10	7	3	2	4
3	14	6	16	12	7	4	8	2	15	13	9	1	11	5	10
10	2	7	13	3	9	5	15	11	8	4	1	12	16	6	14
12	6	14	2	8	13	7	3	1	11	10	16	15	9	4	5
16	7	9	1	6	5	12	4	13	2	15	14	10	8	11	3
5	10	8	11	14	15	1	16	3	12	9	4	6	13	7	2
13	3	15	4	11	2	9	10	6	7	5	8	16	14	12	1

#7

10	2	5	11	1	14	3	4	9	7	8	12	15	16	13	6
9	12	14	6	2	10	8	15	5	13	3	16	1	4	11	7
8	13	4	15	12	5	7	16	14	1	6	11	10	9	2	3
3	7	16	1	11	6	9	13	2	15	10	4	8	5	14	12
11	5	3	4	16	7	14	9	13	8	15	2	12	6	10	1
7	6	12	14	15	13	11	3	1	10	4	9	16	2	8	5
16	1	9	2	6	4	10	8	11	5	12	14	7	13	3	15
13	8	15	10	5	1	2	12	16	6	7	3	14	11	9	4
2	3	11	13	9	8	12	10	7	16	1	6	4	15	5	14
15	10	7	9	14	2	6	11	12	4	5	13	3	1	16	8
5	4	8	12	13	16	15	1	3	14	2	10	9	7	6	11
6	14	1	16	4	3	5	7	8	9	11	15	2	10	12	13
4	11	13	3	10	9	1	14	15	12	16	5	6	8	7	2
12	15	10	8	7	11	16	5	6	2	14	1	13	3	4	9
1	16	6	7	3	12	13	2	4	11	9	8	5	14	15	10
14	9	2	5	8	15	4	6	10	3	13	7	11	12	1	16

#8

5	9	4	6	14	1	12	13	8	2	10	7	15	3	11	16
10	1	2	13	6	3	8	16	15	9	14	11	7	4	12	5
15	8	7	11	9	4	5	10	6	3	12	16	1	2	14	13
3	16	14	12	11	7	15	2	1	5	4	13	6	8	9	10
6	11	9	5	4	14	13	15	3	8	2	12	10	1	16	7
13	3	1	14	7	9	10	12	16	6	15	4	5	11	8	2
16	12	8	4	1	2	11	6	10	13	7	5	9	14	3	15
7	15	10	2	16	5	3	8	14	11	1	9	13	6	4	12
1	6	16	9	3	15	4	11	7	10	5	14	2	12	13	8
11	10	5	8	12	13	1	14	2	4	9	6	16	7	15	3
2	14	13	3	5	8	6	7	11	12	16	15	4	9	10	1
12	4	15	7	2	10	16	9	13	1	3	8	11	5	6	14
4	5	11	10	15	6	14	3	12	7	13	1	8	16	2	9
9	2	6	16	10	12	7	4	5	15	8	3	14	13	1	11
14	13	3	1	8	11	2	5	9	16	6	10	12	15	7	4
8	7	12	15	13	16	9	1	4	14	11	2	3	10	5	6

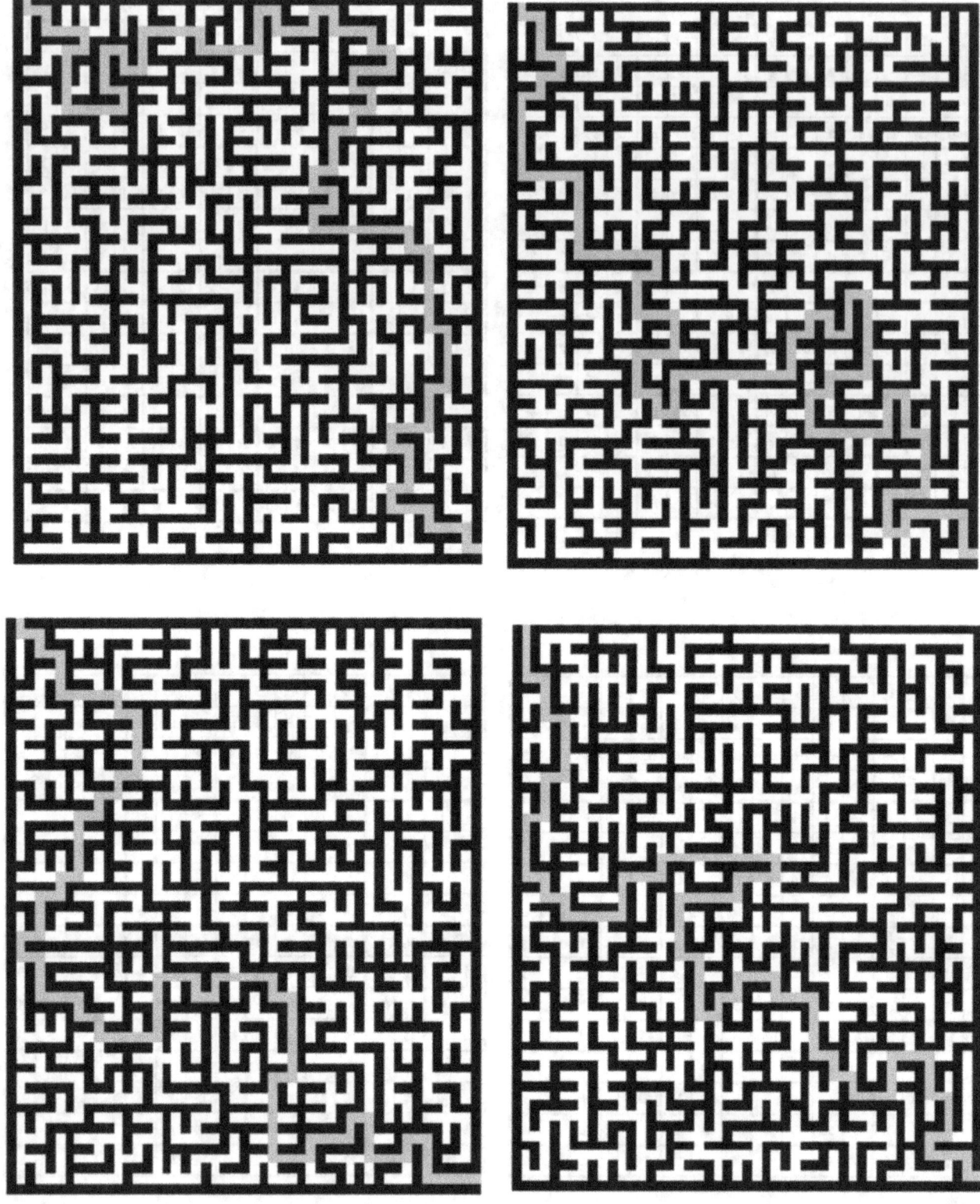

#5

	24↓	10↓	8↓	40↓	22↓	16↓	28↓		9↓		25↓	26↓	13↓		8↓
33→	7	2	3	6	5	1	9	31↓ 9→	9	25↓ 18→	9	5	4	12↓ 1→	1
42→	6	8	5	7	9	4	2	1	7↓ 36→	2	6	8	9	4	7
2→	2	13↓	24↓ 45→	9	8	3	5	4	7	1	2	6	6↓ 6→	6	9↓
16→	9	4	1	2	23↓ 15→	8	4	3	26↓ 36→	9	8	7	4	2	6
	23→	7	9	1	6	5↓ 26→	8	9	6	3	18↓	15↓ 2→	2	3→	3
	24↓ 18→	2	7	3	1	5	26↓ 30→	5	8	6	4	7	9↓	12↓	
8→	8	15→	5	8	2	42↓	5	7	9	4	1	8	6	2	5↓
5→	5	10↓ 15→	2	4	9	12↓ 9→	4	2	3	9	6↓ 8→	8	19↓ 9→	3	1
6→	2	4	11↓	13↓ 22→	5	8	9	11↓	9↓ 11→	6	3	2	16↓ 9→	9	14↓
25→	3	6	9	7	8↓ 15→	3	1	2	9	9↓ 19→	2	8	9	8↓ 8→	8
6→	6	33→	2	6	8	1	7	9	9→	9	30→	9	7	8	6

#6

	42↓	29↓	33↓		7↓	29↓	11↓	9↓	26↓	7↓	19↓	26↓		9↓	17↓
14→	1	5	8	9↓ 44→	7	8	2	9	5	3	4	6	19↓ 14→	9	5
22→	7	6	4	5	18↓ 12→	3	9	10↓ 19→	3	4	6	5	1	20↓ 6→	6
29→	8	1	6	4	3	7	29↓ 13→	9	4	26↓	8	7	5	2	4
13→	2	8	3	6↓ 25→	2	9	7	1	6	27↓ 25→	1	8	9	5	2
35→	5	9	1	6	4	2	8	26↓ 10→	8	2	10↓	37↓ 10→	4	6	3↓
4→	4	28↓ 9→	9	26↓ 9→	9	27↓ 11→	4	7	21↓ 11→	8	1	2	8↓ 10→	7	3
20→	6	5	2	7	20↓ 39→	7	3	2	4	1	5	9	8	23↓	10↓
15→	9	6	45↓	1	3	5	2	9	8	7	4	6	20↓ 17→	9	8
	3↓ 9→	9	5↓ 42→	8	4	6	5	3	7	9	7↓ 21→	8	7	4	2
26→	3	1	2	6	5	9	3↓ 6→	4	2	3↓ 25→	6	7	4	8	6↓
	22→	7	3	4	8	4→	3	1	26→	3	1	5	9	2	6

#7

	39↓	19↓	22↓	5↓	21↓	23↓		14↓		42↓	30↓		24↓	20↓	19↓
29→	2	9	8	5	4	1	5↓ 2→	3	14→	6	8	9↓ 17→	7	4	6
9→	3	1	5	20↓ 17→	2	3	5	7	34↓ 32→	7	1	9	2	5	8
36→	7	2	9	4	8	6	20↓ 20→	4	5	9	2	1↓ 14→	6	3	5
15→	8	7	4↓ 20→	7	1	8	4	35↓ 33→	3	8	5	1	9	7	10↓
6→	6	45↓	4	9	6	5	3	2	8	1	7	24↓	4↓	1	3
9→	9	25↓	31↓	15↓		28→	7	9	2	5	4	1	6↓	22↓ 7→	7
22→	4	1	8	9	22↓	40→	6	7	1	4	3	8	2	9	9↓
	10↓ 19→	5	7	1	6		6↓ 16→	8	6	2	22↓ 13→	2	4	6	1
19→	2	3	1	5	8	5↓ 20→	6	5	9	7↓ 8→	5	3	4↓ 13→	7	6
18→	3	9	6	4↓ 10→	7	3	8↓ 1→	1	17→	3	9	4	1	2↓ 2→	2
39→	5	7	9	4	1	2	8	3	23→	4	8	6	3	2	

#8

	45↓	34↓	45↓	6↓	21↓	7↓		14↓	24↓	26↓	30↓	22↓	31↓	5↓	21↓
38→	5	3	8	6	9	7	32↓ 42→	9	8	4	2	1	6	5	7
12→	9	1	2	11↓ 4→	4	33↓ 36→	2	5	9	7	8	4	1	37↓ 5→	5
34→	7	6	5	1	8	4	3	35↓	7	5	1	9	2	3	8
14→	4	5	3	2	28↓ 13→	8	5	23↓	25→	6	9	2	3	4	1
39→	3	7	1	8	2	5	9	4	19↓	1	3	6	4	5	32↓
19→	6	4	9	23↓ 25→	4	7	8	6	29↓ 10→	3	7	25↓ 24→	7	9	8
45→	2	8	4	5	6	9	1	3	7	5↓	22↓ 22→	9	8	2	3
1→	1	21↓ 15→	6	8	1	29→	4	8	9	1	2	5	13↓	6	7
33→	8	9	7	6	3	10↓ 26→	2	8	4	5	7	12↓ 17→	8	9
7→	7	4↓ 9→	4	5	9↓ 2→	2	4↓ 5→	5	8↓ 13→	6	4	3	7↓ 4→	4
9→	9	5	4	28→	7	9	8	4	17→	8	9	17→	9	7	1

#9

5	10	6	8	2	15	3	12	1	7	4	13	11	9	14	16
16	3	12	15	8	10	9	13	11	14	6	2	4	7	5	1
1	2	7	13	11	5	14	4	15	16	3	9	6	12	8	10
9	4	14	11	7	1	16	6	8	10	5	12	15	13	3	2
7	11	10	9	4	3	12	15	14	8	13	16	1	2	6	5
4	15	13	6	14	2	8	16	9	5	12	1	10	11	7	3
14	16	2	5	6	9	11	1	3	4	7	10	13	8	15	12
8	12	1	3	5	13	10	7	2	6	15	11	9	14	16	4
11	8	16	2	13	6	4	9	12	3	14	5	7	1	10	15
10	1	9	4	15	8	5	3	6	11	2	7	12	16	13	14
15	14	3	12	1	16	7	11	10	13	8	4	5	6	2	9
13	6	5	7	10	12	2	14	16	9	1	15	8	3	4	11
6	9	8	16	3	11	15	5	7	1	10	14	2	4	12	13
3	7	15	14	12	4	1	10	13	2	11	6	16	5	9	8
2	5	11	10	16	7	13	8	4	12	9	3	14	15	1	6
12	13	4	1	9	14	6	2	5	15	16	8	3	10	11	7

#10

1	10	11	15	9	7	6	2	8	12	5	3	4	16	14	13
12	6	9	7	16	8	13	5	11	4	14	2	10	1	15	3
5	8	13	2	4	3	10	14	6	1	16	15	12	7	11	9
4	3	16	14	1	15	11	12	10	9	13	7	2	5	6	8
2	13	6	11	7	14	15	4	9	10	12	5	3	8	1	16
3	4	15	1	5	6	8	10	16	13	2	11	9	14	7	12
10	12	7	8	3	9	16	1	14	6	15	4	5	2	13	11
9	16	14	5	11	2	12	13	3	8	7	1	15	6	4	10
7	5	4	12	14	16	9	15	2	3	11	13	6	10	8	1
16	9	10	3	2	11	4	7	1	15	6	8	14	13	12	5
8	11	2	13	6	12	1	3	5	16	10	14	7	4	9	15
15	14	1	6	10	13	5	8	4	7	9	12	11	3	16	2
14	7	8	16	12	10	2	9	15	5	1	6	13	11	3	4
11	2	5	4	15	1	7	16	13	14	3	9	8	12	10	6
13	15	12	10	8	5	3	6	7	11	4	16	1	9	2	14
6	1	3	9	13	4	14	11	12	2	8	10	16	15	5	7

#9

	21↓		5↓	18↓	6↓	24↓		22↓	15↓	44↓	5↓		6↓	5↓	19↓
7→	7	24↓ 23→	5	9	6	3	21↓ 16→	3	2	6	5	15→	6	2	7
10→	9	1	37↓ 2→	2	27→	5	8	1	9	4	8↓		20↓ 7→	3	4
16→	1	6	2	7	22↓ 28→	1	5	9	4	7	2	21↓ 9→	9	26↓ 5→	5
18→	4	5	9	8↓ 25→	8	6	4	7	31→	9	6	7	5	1	3
	5↓ 36→	7	4	8	5	9	1	2	18↓ 2→	2	29↓ 18→	4	6	8	8↓
14→	5	3	6	16↓ 6→	6	1↓ 3→	3	23↓ 22→	2	3	8	9	4↓ 17→	9	8
	1↓ 18→	2	7	5	3	1	3↓ 30→	3	5	8	7	1	4	2	12↓
1→	1	9↓ 10→	1	9		24→	3	7	8	5	1	12↓	17↓ 8→	6	2
	14↓ 13→	3	8	2	13↓	5↓	9↓ 7→	4	3	5↓ 15→	4	3	8	13↓ 6→	6
13→	8	5	8↓	9↓ 20→	6	1	4	9	6↓ 29→	2	9	1	7	6	4
40→	6	1	8	9	7	4	5	9→	6	3	17→	8	2	7	

#10

	1↓	26↓	33↓	15↓	30↓		17↓	30↓		9↓	4↓	45↓	45↓	8↓	9↓
30→	1	8	9	7	5	3↓ 13→	5	8	32↓ 30→	2	4	1	6	8	9
	7↓ 45→	6	2	8	1	3	4	9	5	7	3↓ 14→	5	9	15↓	17↓
16→	7	4	5	35↓ 4→	4	17↓ 18→	8	3	7	8↓ 24→	3	7	2	4	8
	26↓ 26→	5	6	8	3	4	5↓ 16→	6	2	8	32↓ 20→	9	4	5	2
45→	7	1	3	2	9	6	5	4	8	6↓ 26→	2	8	3	6	7
27→	1	2	8	3	6	7	11↓	18↓ 23→	6	5	8	3	1	10↓	
6→	6	18↓	8→	6	2	17↓ 36→	5	7	3	1	6	4	8	2	10↓
10→	9	1	8↓ 4→	4	4↓ 12→	2	6	3	1	11↓ 29→	7	6	5	8	3
23→	3	6	2	7	4	1	11↓ 1→	1	8↓ 22→	4	9	2	7	3↓ 1→	1
	9↓ 13→	7	1	5	9↓ 24→	8	3	2	5	6	2↓	4↓	8→	2	6
18→	9	4	5	38→	9	6	8	5	3	1	2	4	1→	1	

www.ingramcontent.com/pod-product-compliance
Lightning Source LLC
Chambersburg PA
CBHW060438220526
45465CB00008B/3185